Fundamentos filosóficos da educação

José Antonio Vasconcelos

O selo DIALÓGICA da Editora InterSaberes faz referência às publicações que privilegiam uma linguagem na qual o autor dialoga com o leitor por meio de recursos textuais e visuais, o que torna o conteúdo muito mais dinâmico. São livros que criam um ambiente de interação com o leitor – seu universo cultural, social e de elaboração de conhecimentos –, possibilitando um real processo de interlocução para que a comunicação se efetive.

EDITORA
intersaberes

Fundamentos filosóficos da educação

José Antonio Vasconcelos

2ª edição revista e ampliada

Rua Clara Vendramin, 58 – Mossunguê
CEP 81200-170 – Curitiba – PR – Brasil
Fone: (41) 2106-4170
www.intersaberes.com
editora@editoraintersaberes.com.br

EDITORA
intersaberes

Conselho editorial	Dr. Ivo José Both (presidente)
	Drª Elena Godoy
	Dr. Neri dos Santos
	Dr. Ulf Gregor Baranow
Editora-chefe	Lindsay Azambuja
Gerente editorial	Ariadne Nunes Wenger
Assistente editorial	Daniela Viroli Pereira Pinto
Capa	Denis Kaio Tanaami
Ilustração de capa	Rafael Mox – Estúdio Leite Quente
Projeto gráfico	Frederico Santos Burlamaqui
Ilustrações do miolo	Marcelo Lopes
Diagramação	Conduta Design
Iconografia	Regina Claudia Cruz Prestes

Dados Internacionais de Catalogação na Publicação (CIP)
(Câmara Brasileira do Livro, SP, Brasil)

Vasconcelos, José Antonio
  Fundamentos filosóficos da educação/José Antonio Vasconcelos. 2. ed. rev. e atual. Curitiba: InterSaberes, 2017. (Série Fundamentos da Educação)

  Bibliografia.
  ISBN 978-85-5972-390-8

1. Educação – Filosofia I. Título II. Série.

17-03591
          CDD-370.1

Índices para catálogo sistemático:
1. Educação: Filosofia   370.1
2. Filosofia da educação   370.1

Foi feito o depósito legal.

Informamos que é de inteira responsabilidade do autor a emissão de conceitos.

Nenhuma parte desta publicação poderá ser reproduzida por qualquer meio ou forma sem a prévia autorização da Editora InterSaberes.

A violação dos direitos autorais é crime estabelecido na Lei n. 9.610/1998 e punido
pelo art. 184 do Código Penal.

1ª edição, 2012.
2ª edição, 2017.

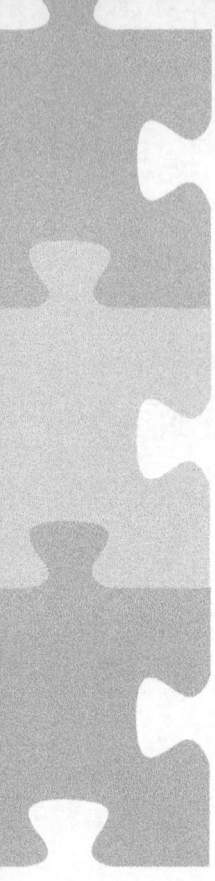

Sumário

Agradecimentos, 7
Apresentação, 9
Organização didático-pedagógica, 13
Introdução, 17

1 A filosofia e a busca pela verdade, 21
1.1 O pensamento grego antigo, 25 | 1.2 O pensamento medieval, 32
1.3 O pensamento moderno, 35 | 1.4 A filosofia depois de Kant, 39
1.5 A herança clássica da educação brasileira, 40

2 O naturalismo, 51
2.1 O Iluminismo, 54 | 2.2 Apreciação crítica sobre o naturalismo, 63
2.3 Iluminismo e naturalismo na educação brasileira, 64

3 O positivismo, 75
3.1 As ideias de Auguste Comte e suas influências entre os brasileiros, 78
3.2 A contribuição de Herbert Spencer, 83 | 3.3 A influência do meio social em Émile Durkheim, 88 | 3.4 Apreciação crítica sobre o positivismo, 91

4 O materialismo dialético, 101
4.1 Karl Marx e Friedrich Engels, 105 | 4.2 O legado de Marx e Engels, 110
4.3 Apreciação crítica sobre o materialismo dialético, 117
4.4 O materialismo dialético no pensamento pedagógico brasileiro, 118

5 A fenomenologia, o existencialismo e o estruturalismo, 129

5.1 A fenomenologia, 133 | 5.2 O existencialismo, 140
5.3 O estruturalismo, 147 | 5.4 Apreciação crítica sobre a fenomenologia, o existencialismo e o estruturalismo, 155

6 O pragmatismo e a filosofia analítica, 165

6.1 O pragmatismo, 168 | 6.2 A filosofia analítica, 175
6.3 O pragmatismo e a filosofia analítica em Richard Rorty, 180
6.4 Apreciação crítica sobre o pragmatismo e a filosofia analítica, 187

Considerações finais, 197
Glossário, 199
Referências, 203
Bibliografia comentada, 209
Respostas, 211
Sobre o autor, 215

Agradecimentos

Agradeço a três pessoas sem as quais esse trabalho não teria sido realizado a contento. A primeira delas é o Professor Wilson Picler, que sempre valorizou meu trabalho, depositando em mim sua confiança. A segunda é o Professor Alvino Moser, meu mentor intelectual, amigo de todas as horas e interlocutor de primeira categoria. Finalmente, a terceira é Lucimara, meu grande, único e verdadeiro amor, cujo carinho continuamente me estimula a aproveitar o que a vida tem de melhor.

Apresentação

A filosofia da educação é uma disciplina que costuma ser trabalhada de muitas maneiras diferentes nos cursos de graduação. Frequentemente ela é estruturada de modo a contemplar a história do pensamento pedagógico e a apresentação de algumas das principais contribuições teóricas de pensadores representativos no campo da educação. Embora essa forma de exposição dos conteúdos permita uma abordagem interdisciplinar com a história da educação, o que quase sempre ocorre na prática é uma sobreposição de conteúdos. Além disso, ao estruturar a filosofia da educação como história do pensamento pedagógico, muitos manuais se limitam a uma descrição quase enciclopédica das principais ideias, autores e obras da área. O objetivo do estudo da filosofia, porém, demanda um engajamento mais pessoal do leitor com aquilo que está sendo estudado. Filosofar é assumir posicionamentos de forma dialógica, fundamentando criticamente as próprias opiniões e ultrapassando os limites de um mero achismo, característico do senso comum.

Uma possível sobreposição de conteúdos com disciplinas afins seria indesejável. Por essa razão, nesta obra, a opção é destacar o que é especificamente filosófico na história do pensamento ocidental e, com base nisso, estabelecer relações com a educação, seja de um ponto de vista puramente teórico, expondo o modo como os filósofos em diferentes épocas da história pensaram o conhecimento e o processo de ensino-aprendizagem, seja de uma perspectiva contextual, relacionando as concepções filosóficas sobre a educação com as práticas educacionais de seus respectivos contextos históricos e, em particular, com o pensamento pedagógico brasileiro. A intenção é, igualmente, tratar das ideias de pensadores do passado não como algo distante e alheio às preocupações presentes, mas como uma fonte fecunda de conceitos e problemas para refletirmos melhor e com mais profundidade sobre a educação que queremos e de que precisamos.

O recorte desta obra é temático e histórico. No Capítulo 1, será proposto a você, leitor, o estudo conhecimento tal como tematizado por importantes filósofos, da Antiguidade ao final da Idade Moderna. Trata-se, na verdade, ao mesmo tempo, de uma introdução e de uma contextualização do pensamento filosófico ocidental, servindo, assim, de preparação para um estudo mais aprofundado da filosofia da educação do século XVIII aos dias de hoje.

No Capítulo 2, analisaremos a proposta da filosofia naturalista para a educação, com ênfase nas ideias de Jean-Jacques Rousseau, filósofo suíço que viveu na França no século XVIII.

No Capítulo 3, voltaremos nossa atenção para a filosofia positivista e suas contribuições para a educação com base em dois autores do século XIX: Augusto Comte e Herbert Spencer.

O positivismo influenciou de modo marcante a intelectualidade brasileira no fim do período imperial e nas primeiras décadas da República; por esse motivo, versaremos sobre o modo como essa corrente via a educação.

No Capítulo 4, examinaremos alguns aspectos do materialismo dialético, uma importante tradição intelectual que tem por base o pensamento de dois autores alemães do século XIX: Karl Marx e Friedrich Engels.

No Capítulo 5, você encontrará as contribuições de três correntes filosóficas para o pensamento pedagógico: a fenomenologia, o existencialismo e o estruturalismo. Nesse ponto do texto, a questão central é a da liberdade humana e sua relação com as teorias e práticas pedagógicas.

Finalmente, no Capítulo 6, nosso foco será a educação à luz do pragmatismo e da filosofia da linguagem, com ênfase em autores como Ludwig Wittgenstein, John Dewey e Richard Rorty.

Como esta obra tem caráter introdutório, você notará que nela não há a preocupação de apresentar todos os filósofos. Aliás, tal propósito seria laboriosíssimo e praticamente irrealizável. Você perceberá, contudo, que um estudo cuidadoso de algumas das principais correntes e ideias lhe possibilitará o exercício da reflexão filosófica, indispensável ao educador, pois, somente sendo crítico consigo mesmo, o professor poderá estimular o pensamento crítico de seus alunos.

Organização didático-pedagógica

Esta seção tem a finalidade de apresentar os recursos de aprendizagem utilizados no decorrer da obra, de modo a evidenciar os aspectos didático-pedagógicos que nortearam o planejamento do material e como o aluno/leitor pode tirar o melhor proveito dos conteúdos para seu aprendizado.

- Introdução ao capítulo

  Logo na abertura do capítulo, você é informado a respeito dos conteúdos que nele serão abordados, bem como dos objetivos que o autor pretende alcançar.

- Questão para reflexão

  Aqui você encontra reflexões que fazem um convite à leitura, acompanhadas de uma análise sobre o assunto.

- Síntese

  Você conta, nesta seção, com um recurso que o instigará a fazer uma reflexão sobre os conteúdos estudados, de modo a contribuir para que as conclusões a que você chegou sejam reafirmadas ou redefinidas.

• Indicações culturais

Nesta seção, o autor oferece algumas indicações de livros, filmes ou *sites* que podem ajudá-lo a refletir sobre os conteúdos estudados e permitir o aprofundamento em seu processo de aprendizagem.

O legado da filosofia clássica para o pensamento pedagógico brasileiro foi fundamental, especialmente para a educação jesuíta, dominante durante quase todo o período colonial. A educação brasileira, até pouco tempo atrás, ainda era fortemente influenciada pelo pensamento cristão católico, com forte referência a autores cristãos da Idade Média.

Indicações culturais

Filme

O NOME da rosa. Direção: Jean Jacques Annaud. Itália/França/ Alemanha: 20th Century Fox Film Corporation, 1986. 131 min.
Baseado no livro homônimo de Umberto Eco, o filme narra uma história de mistério ambientada na Idade Média. Embora muitos dos ricos diálogos de cunho filosófico do livro estejam ausentes no filme, é interessante observar os valores da época, em especial a importância que se dava à leitura de Aristóteles e a ameaça que o filósofo representava para a fé cristã no período.

Livros

GAARDER, J. O mundo de Sofia. São Paulo: Companhia das Letras, 1995.
O livro trata, de forma romanceada e bastante envolvente, de algumas das principais correntes e alguns dos autores fundamentais da filosofia no Ocidente.

PENHA, J. da. Períodos filosóficos. São Paulo: Ática, 1997. (Série Princípios).
Resumidamente, o autor apresenta os principais períodos, autores e correntes da filosofia.

MONDIN, B. Curso de filosofia. São Paulo: Paulus, 2001. 3 v.
Trata-se de obra de referência em três volumes que abrangem as filosofias antiga, medieval, moderna e contemporânea. Não obstante seja uma obra extensa, sua leitura é valiosa para o aprofundamento do estudo de um período ou do pensamento de um filósofo em particular.

Atividades de autoavaliação

1. Assinale V nas afirmativas verdadeiras e F nas falsas:
   ( ) Afirmar que os problemas filosóficos são atemporais significa dizer que eles remetem à condições universais da existência humana.
   ( ) Apesar de os filósofos viverem situações históricas particulares, seu pensamento pouco ou nada tem a ver com o contexto histórico em que vivem ou viveram.
   ( ) As concepções e métodos pedagógicos variaram imensamente de uma época para a outra e, consequentemente, a reflexão filosófica sobre essas práticas foi influenciada por essas mudanças.
   ( ) Na divisão dos períodos filosóficos, costuma-se excluir a Idade Antiga, pois pensadores como Sócrates, Platão e Aristóteles são atualmente considerados poetas ou líderes religiosos, e não filósofos.

Marque a alternativa que indica a sequência correta:
a) V, F, F, V.
b) F, V, F, V.
c) V, F, V, F.
d) V, V, V, F.

• Atividades de autoavaliação

Com estas questões objetivas, você tem a oportunidade de verificar o grau de assimilação dos conceitos examinados, motivando-se a progredir em seus estudos e a preparar-se para outras atividades avaliativas.

- **Atividades de aprendizagem**
  Aqui você dispõe de questões cujo objetivo é levá-lo a analisar criticamente determinado assunto e aproximar conhecimentos teóricos e práticos.

- **Bibliografia comentada**
  Nesta seção, você encontra comentários acerca de algumas obras de referência para o estudo dos temas examinados.

Introdução

É comum que as pessoas se deparem com palavras relativamente fáceis de entender, mas difíceis de explicar. Com *filosofia* é assim: a palavra é usada no dia a dia; diz-se, por exemplo, que a filosofia de vida de determinada pessoa não é correta ou até mesmo que a seleção brasileira de futebol ganhou a Copa do Mundo de 1994 por causa da filosofia de jogo do técnico Carlos Alberto Parreira. Mas, quando alguém solicita uma explicação, o que dizer? O que, em geral, vem à mente quando se ouve falar em *pensamento filosófico*?

O antigo sábio grego Pitágoras, tendo ouvido, certa vez, alguém chamá-lo de *sábio*, respondeu, com muita presença de espírito, que ele não era realmente um sábio, era apenas um "amigo da sabedoria". Dessa expressão, que vem dos termos gregos *filos* (amigo) e *sofia* (sabedoria), nasceu o vocábulo *filosofia*. Assim, podemos perceber a dificuldade de se traduzir uma noção tão vaga quanto essa em uma definição de limites rigorosos.

Toda disciplina é definida por seu objeto de estudo. De que se ocupa a filosofia? Ela estuda de tudo – o ser, o homem, o pensamento, o Universo, Deus. Nada escapa à filosofia. De um lado, não existe nada no mundo – ou fora dele – que não possa ser objeto de indagação filosófica; por outro, a filosofia não se confunde com as ciências particulares, pois sua análise é de natureza diversa. Enquanto estas se definem como *ciências* pelo caráter empírico de suas investigações, aquela se caracteriza como uma **atividade de ordem reflexiva**. O filósofo recebe os dados que lhe são fornecidos pelas ciências particulares e os submete a um constante questionamento.

Esse caráter aberto da filosofia faz emergir o seguinte questionamento: Será possível ensinar alguém a filosofar? Em outras palavras, se a filosofia é uma atividade de ordem reflexiva, será possível ensinar alguém a refletir, a pensar? Nesse caso, quais seriam os objetivos de uma disciplina como a Filosofia da Educação?

O pensamento é uma atividade comum a todo o gênero humano. O que o ensino de filosofia propõe é educar o pensamento de modo rigoroso, torná-lo questionador, colocá-lo acima do senso comum. O objetivo desse ensino é o de formar um sujeito, pessoa ou cidadão mais consciente de si mesmo e da realidade que o cerca.

No caso da filosofia da educação, trata-se de conduzir a reflexão filosófica para o âmbito das teorias e práticas pedagógicas. Esse campo filosófico lida, na verdade, com questões aparentemente muito simples, mas que se revelam complexas, uma vez que são levadas a sério: O que é o aprendizado? A escola é mesmo necessária? Quais são os fins da educação? O que é, afinal, o ensino, essa atividade à qual tantos se dedicam de corpo e alma?

Para aprender a pensar filosoficamente, não há outro caminho senão acompanhar os passos de quem já se aventurou no fascinante campo da especulação filosófica. É necessário conhecer e compreender aspectos dos sistemas filosóficos de pensadores importantes do passado para, com base neles, pensar de forma mais crítica o presente. Em razão disso, esta obra dialoga intensamente com a história, que serve de fio condutor da análise ao longo dos seis capítulos nos quais está estruturada.

Você perceberá ao longo da leitura que esta obra constantemente se articula com o pensamento pedagógico nacional. Como a filosofia é uma realidade dinâmica, na maior parte dos casos não se trata de simplesmente copiar ideias estrangeiras, mas de se apropriar do legado filosófico do Ocidente para refletir sobre os desafios impostos pela educação especificamente no caso brasileiro.

Neste livro, você se verá diante de um panorama de algumas das mais importantes correntes filosóficas, especialmente aquelas cujas contribuições para o pensamento pedagógico foram mais significativas. Uma obra dessa dimensão, é claro, não tem, nem pode ter, a pretensão de esgotar o extenso campo da filosofia da educação. Contudo, mais importante que conhecer o pensamento de cada filósofo em particular é saber pensar filosoficamente. Esse é, portanto, nosso principal objetivo.

1.

A filosofia e a busca pela verdade

As questões colocadas pela filosofia – "Qual é o sentido da vida?"; "Qual é a origem do mundo e do ser humano?"; "O que é o ser?", entre outras – são atemporais e interessam praticamente a todos os povos em todas as épocas. Quantas vezes você já fez os mesmos questionamentos a si mesmo?

Os textos de filósofos do passado são, portanto, tão atuais hoje quanto o eram na época em que foram escritos. Pensadores como Platão, Aristóteles, Agostinho de Hipona, Tomás de Aquino, René Descartes e Immanuel Kant, que viveram em épocas e culturas diferentes, são lidos e estudados até a atualidade, pois suas reflexões mais significativas dizem respeito a condições existenciais universais. Afinal, em todas as culturas, pergunta-se sobre a vida após a morte, a existência de Deus (ou de deuses), a razão da existência do ser humano, o bem e o mal etc.

Dentre essas questões atemporais, a que mais nos interessa é a reflexão de caráter especulativo sobre o processo de ensino-aprendizagem, que constitui a filosofia da educação. As teorias e práticas pedagógicas, é claro, têm variado enormemente ao longo da história, pois o modo como um grego antigo ou um camponês medieval aprendiam ou mesmo o conteúdo de sua aprendizagem estavam relacionados às condições sociais, políticas, econômicas e culturais da época. Entretanto, a educação, entendida como formação humana, sempre constituiu um fator de relevo nas sociedades. A tensão entre o caráter universalista da filosofia e seu desenvolvimento ao longo do tempo, com base em sujeitos particulares, que viveram contextos sociais, políticos, econômicos e existenciais também específicos, é que torna imprescindível o estudo da história da filosofia. Conhecer o contexto específico no qual determinado filósofo viveu e escreveu permite que se tenha maior clareza sobre as indagações às quais ele procurava responder. Ao procurar entender o modo como esses filósofos concebiam o processo de ensino-aprendizagem no passado, é possível entender melhor os desafios que a educação apresenta na contemporaneidade.

Na filosofia da educação, essa demanda se torna particularmente evidente, pois as concepções e métodos pedagógicos variaram imensamente de uma época para outra e, consequentemente, a reflexão filosófica sobre essas práticas foi influenciada por essas mudanças. Você, por exemplo, provavelmente tem valores, crenças e conhecimentos diferentes daqueles partilhados pela geração de seus pais. Se isso é verdade, imagine, então, comparar esses valores aos de sociedades que viveram há centenas ou milhares de anos. A diferença de perspectiva é enorme!

Tradicionalmente, a história da filosofia é dividida em quatro grandes períodos: **Antiguidade**, **Idade Média**, **Idade Moderna** e **Idade Contemporânea**. Neste capítulo, faremos um apanhado da filosofia nos três primeiros períodos, valendo-nos de uma questão geral, mas de grande interesse para a educação: a **busca da verdade**. Tendo como base um panorama histórico da filosofia, apresentaremos as principais características de cada período e, assim, explicaremos as questões filosóficas atuais, especialmente aquelas que dizem respeito à filosofia da educação.

1.1
O pensamento grego antigo

A reflexão filosófica não deve ser uma exclusividade de quem dispõe de formação acadêmica em Filosofia. Toda vez que alguém questiona o "como" e o "porquê" de seus pensamentos e ações, já está, de certo modo, filosofando. A filosofia, nesse sentido, seria tão velha quanto a própria humanidade. Entre muitos povos antigos, no entanto, as especulações filosóficas estavam atreladas às narrativas míticas. Por isso, a filosofia, como reflexão que busca investigar a experiência humana de modo distinto do pensamento mítico, surgiu primeiramente entre os antigos gregos.

As principais especulações filosóficas dos gregos diziam respeito à natureza¹ e aos fenômenos físicos. O ser humano, sobretudo na condição de ser biológico, era considerado como elemento do cosmos. Já no período clássico da filosofia grega antiga, quando Atenas era o grande centro cultural e intelectual do mundo, os filósofos se voltaram cada vez mais para o estudo das dimensões ética e política da vida humana. Orgulhosos da constituição democrática de sua cidade, os cidadãos atenienses buscavam participar ativamente da vida pública. Isso exigia um conhecimento mínimo das leis e dos costumes, o que frequentemente levava a discussões acerca da ação humana, que era discutida em termos de bem e mal, certo e errado, justo e injusto.

Uma das questões de maior relevo nesse período era o problema da verdade. Frequentemente havia divergência de opiniões nos debates públicos, e as discussões, as trocas de ideias, em vez de resultarem em consenso, não raro acentuavam as discordâncias. Diante dessa situação, muitos pensadores atenienses, especialmente os pertencentes ao grupo dos sofistas, concluíam que a verdade, aquilo que todos anseiam conhecer, simplesmente não existe. Sendo incapazes de conhecer a verdade, os homens deveriam voltar-se para o domínio da opinião, que seria o máximo que a inteligência humana poderia alcançar. Em outras palavras, o melhor seria abandonar a pretensão de um conhecimento certo, total e objetivo e aceitar o fato de que o conhecimento humano é sempre duvidoso, parcial e subjetivo.

A solução sofista para o problema da verdade tem consequências éticas tremendas. Se não é possível ter certeza sobre o que quer que seja, jamais se pode afirmar categoricamente que uma ação é

---

1 Disponibilizamos um glossário ao final desta obra para apresentar definições de termos relevantes no âmbito das discussões sobre os temas aqui abordados. Para facilitar a identificação desses termos no texto, eles aparecem realçados ao longo do livro.

boa ou má, moral ou imoral. Tudo se torna uma questão de ponto de vista. Nessa perspectiva, ações como matar, mentir ou roubar podem perfeitamente ser consideradas boas se o sujeito que as pratica considerá-las boas. As noções de bem e mal, de certo e errado esvaziam-se e, assim, emerge o mais completo relativismo moral.

> **Questão para reflexão**
>
> Coloque-se agora no lugar de um grego antigo que quisesse defender os princípios morais de sua cultura contra o relativismo moral dos sofistas. Que argumentos você utilizaria?

Diante dos dilemas debatidos pelos sofistas, muitos filósofos gregos tentaram repensar o problema do conhecimento verdadeiro. Encontrar o fundamento da verdade significaria encontrar também o princípio norteador de toda ação moral.

Foi por esses caminhos que Sócrates (c. 469 a.C-c. 399 a.C), um dos principais pensadores da Antiguidade, enveredou. Para o filósofo ateniense, a razão é perfeitamente capaz de alcançar a verdade; no entanto, esta, por vezes, não pode ser vista porque o discurso humano é carregado de ambiguidades e contradições. A dificuldade, portanto, estaria não na natureza da verdade, mas no método para obtê-la.

Embora tenha sido uma personalidade importante em seu tempo (século V a.C.), Sócrates não deixou escrito algum. Por isso, hoje somente é possível conhecê-lo de forma indireta, por meio do que outros – tanto admiradores como opositores – escreveram sobre ele. O princípio socrático de que é possível alcançar um conhecimento verdadeiro das coisas foi posteriormente desenvolvido por dois outros filósofos importantes – Platão (c. 428 a.C-c. 348 a.C) e Aristóteles (384 a.C-322 a.C), que viveram no século IV a.C.

Cada um deles deu uma solução diferente ao problema da verdade e, consequentemente, derivaram dessas soluções concepções filosóficas também diferentes. Nas próximas seções, apresentaremos as propostas desses dois pensadores.

1.1.1 Platão[2]

Platão

A problemática que move toda a teoria platônica do conhecimento se baseia na distinção entre duas ordens de seres: as **ideias** e as **coisas materiais**. As coisas materiais remetem a tudo aquilo que é percebido pelos sentidos: o que se pode ver, tocar, cheirar, ouvir, degustar. Essas coisas estão sempre mudando. O que é quente esfria, o que é jovem envelhece, e o que hoje é de um jeito amanhã será de outro. O puro pensamento, ao contrário, permite acessar ideias imutáveis, como a ideia do bem, da verdade e da justiça. Para Platão, as ideias, sendo eternas, são necessariamente superiores às coisas, que são transitórias.

Na concepção platônica, as ideias são seres perfeitos, que existem por si mesmos desde sempre e para sempre. Elas habitam um mundo perfeito, chamado por Platão de *mundo das ideias*. As coisas, por sua vez, são seres degradados, cópias imperfeitas das ideias eternas existentes no mundo das ideias.

---

2 Esta seção foi elaborada com base em Platão (1995) e Kraut (2013).

A teoria de Platão sobre o conhecimento está estreitamente ligada ao modo como o filósofo entende o ser humano. O homem, segundo o pensador, resulta da união de dois elementos heterogêneos – a **alma inteligível** e o **corpo material**. A alma humana, em virtude de sua imaterialidade, é da mesma natureza das ideias e, portanto, tem uma predisposição natural para conhecê-las. Além disso, tal como as ideias, a alma humana é imortal: ela sempre existiu e sempre vai existir. O corpo, ao contrário, é mortal e não pode aspirar ao conhecimento das verdades eternas existentes nos planos superiores.

Você pode estar pensando: "Essa história de alma e corpo mais parece uma conversa sobre religião do que filosofia". Em parte, isso não está errado, pois Platão foi muito influenciado pelas religiões da Índia. É necessário, porém, não perder de vista que o pensamento platônico, embora se baseie em crenças mítico-religiosas, ultrapassa o campo religioso em seu modo de argumentação e em suas conclusões.

Para Platão, a união entre corpo e alma se dá de forma violenta. O corpo serve de prisão para a alma, que, enquanto estiver unida a ele, permanece incapaz de ascender ao mundo inteligível. O conhecimento humano só é possível porque as coisas materiais, sendo cópias, guardam semelhanças com as ideias que elas imitam. O reconhecimento dessa semelhança faz despertar na alma humana as ideias que nela já existiam desde antes de se unir ao corpo, mas que se encontravam adormecidas.

Na teoria platônica, a alma intelectiva é o que há de mais nobre no ser humano, o qual se eleva à medida que desenvolve seu intelecto. Ao contrário, o homem se rebaixa quando cede aos impulsos corpóreos. Com base nisso, deduz-se o ideal platônico de virtude: **fazer com que a alma (a razão) sempre domine as ações humanas**. A alma conhece o bem e a ele sempre se dirige.

O corpo, ao contrário, é atraído pelas coisas materiais e se sente satisfeito relacionando-se com essa ordem inferior de seres. Para ser virtuoso, portanto, é necessário seguir sempre as diretrizes da razão, mesmo que contrárias aos impulsos corpóreos.

O pensamento de Platão é encantador, mas não pense que a filosofia grega se resumia e ele. Na Grécia Antiga, houve muitos pensadores que inscreveram contribuições muito diferentes daquelas esboçadas pelo dileto discípulo de Sócrates. Um deles é Aristóteles, sobre quem versaremos a seguir.

1.1.2 Aristóteles[3]

Aristóteles

Estudante da Academia, escola fundada por Platão em Atenas, Aristóteles concebeu ideias que se aproximam muito da filosofia platônica. Tal como Platão, o filósofo estagirita concebe o ser humano como dotado de **alma** e **corpo** e considera que aquela é mais nobre e deve prevalecer sobre este. Entretanto, diferentemente de seu antecessor, Aristóteles não aceita a existência do mundo das ideias. Para ele, a realidade é exatamente aquilo que é conhecido por meio dos sentidos, e as ideias só existem na mente humana, não em um mundo separado e superior. Como você pode perceber, a filosofia aristotélica assume um caráter menos idealista que a platônica. Eis as consequências desse posicionamento:

---

[3] Esta seção foi baseada em Aristóteles (1969) e Barnes (2005).

Ao rejeitar a teoria platônica do mundo das ideias, Aristóteles corria o risco de não admitir algo de permanente, uma vez que as coisas estão em perpétua mudança. Além disso, como explicar que o homem pode formar em sua mente ideias gerais se o conhecimento só vem dos sentidos, que apresentam unicamente coisas particulares?

Aristóteles superou essas dificuldades afirmando que as coisas materiais, mesmo sendo particulares, têm uma essência, que é universal. Por exemplo: Maria, João, Pedro, Alexandre e Diana são pessoas, seres humanos singulares; porém há algo em comum entre eles: a humanidade. Os seres humanos nascem, crescem, envelhecem e morrem, mas a humanidade, que é comum a todos, permanece sempre a mesma. Segundo Aristóteles, portanto, adquirir ideias significa conhecer justamente isto: a essência, aquilo que permanece diante das mudanças.

É importante observar que a teoria aristotélica valoriza em certa medida o corpo. Para Aristóteles, corpo e alma estão unidos em um vínculo de dependência recíproca, isto é, para existirem, um depende do outro. Os apetites do corpo, portanto, devem ser satisfeitos, pois a saúde e o vigor do corpo contribuem também para a saúde e o vigor da alma. Assim, o ser humano deve, na medida do possível, buscar satisfazer ambas as instâncias para encontrar a felicidade. Para o pensador macedônio, a vida virtuosa não é a recusa dos prazeres corpóreos, como defendia Platão, mas a moderação, a atitude daquele que evita os excessos.

Questão para reflexão

Após estudar as principais ideias de Platão e Aristóteles, reflita e responda: Com o pensamento de qual desses autores você mais se identifica? É isso mesmo, você certamente assumiu uma preferência por um ou outro pensador e é isso o que torna a história do pensamento filosófico tão fascinante. Tendo isso em vista, debata sempre que possível com seus colegas sobre o que o pensamento dos autores estudados significa para a sua vida e para a sua prática profissional de educador.

1.1.3 Filosofia grega, passado e presente

Martin Heidegger (1889-1976), importante filósofo do século XX, afirmou certa vez que a filosofia é grega em sua essência. Se você considera isso um exagero, provavelmente esteja certo. Afinal, não se pode dizer que nada de original tenha sido produzido na filosofia desde os gregos antigos. Outros povos, vivendo em outros contextos históricos, viram-se diante de desafios que os gregos ignoravam. No entanto, é possível afirmar que muitos dos principais problemas com os quais a filosofia lida até a atualidade realmente remontam à Grécia Antiga.

1.2
O pensamento medieval[4]

Durante a Idade Média, no Ocidente, a filosofia tratou de muitos dos mesmos problemas que haviam ocupado as mentes dos gregos antigos: "O que é o ser?"; "Qual é a natureza do pensamento?"; "Qual é o sentido da vida?"; "Qual é o fundamento dos valores?"; "O que é a liberdade?"; "O que é a política?".

A cultura medieval, contudo, sofreu forte influência do **cristianismo**, uma religião cujos princípios os gregos ignoravam. A religião cristã, em muitos aspectos, era um obstáculo à livre reflexão filosófica. Se, por um lado, muitos pensadores desse período foram condenados por apresentar ideias contrárias à fé cristã, por outro, inúmeros problemas teológicos serviram como estímulo à reflexão filosófica. A relação entre religião e filosofia, portanto, resultou em formas de pensamento bastante originais, nas quais

---

4 Esta seção foi baseada em Boehner e Gilson (2003).

temas antigos – conhecimento, ética, política, metafísica etc. – passavam a ser vistos sob nova luz.

Mesmo que alguém não siga religião alguma, provavelmente tem noção de que a adesão a determinada crença religiosa implica a aceitação de inúmeros preceitos. Assim, é de se supor que os medievais, muito mais apegados à religião do que as sociedades contemporâneas, que vivem em uma época mais liberal, não se sentiam livres para "pensar" tudo o que queriam.

> Uma das principais novidades do pensamento medieval, em comparação com a filosofia grega antiga, diz respeito à relação entre razão humana e conhecimento da verdade. Para os gregos antigos, a razão é o que de mais nobre há no homem, pois isso o distingue dos animais. É por ela que se pode alcançar a verdade. Para o cristianismo, porém, a verdade não é "algo", mas "alguém": Deus. E, de acordo com a fé cristã, o conhecimento de Deus se encontra comprometido por causa do pecado: por serem criaturas pecadoras, os seres humanos criaram um abismo intransponível entre a razão e a verdade, que se identifica com o próprio Criador.

Desse modo, a filosofia cristã inverte a questão originalmente proposta pelos gregos, para os quais a razão tende naturalmente à verdade – como são possíveis o erro e a ignorância? Já para os filósofos cristãos, se a razão se encontra deformada pelo pecado, como é possível conhecer a verdade?

Assim, a verdade absoluta, em uma perspectiva cristã, só pode ser conhecida por meio da fé. Entretanto, fé e razão nem sempre coincidem, e desse conflito emergiram os principais problemas filosóficos na Idade Média. Fé e razão, originadas de um mesmo e único Deus, não deveriam estar em desacordo. Se isso ocorre, é porque o raciocínio não está correto ou a fé foi mal interpretada.

Um dos grandes desafios enfrentados pela filosofia cristã foi a assimilação das ideias de Aristóteles. Até o fim do século XII, esse filósofo grego era praticamente desconhecido no Ocidente. Todavia, nessa época, muitos pensadores islâmicos não só liam as obras do filósofo, como também faziam interpretações muito ousadas do ponto de vista religioso. Segundo a interpretação de alguns desses filósofos, Aristóteles concebia o mundo como eterno e a alma humana como mortal. Ora, a religião cristã, ao contrário, professa que o mundo foi criado por Deus – portanto, não é eterno – e que a alma sobrevive à morte do corpo – portanto, não é mortal.

Durante o século XIII, diante do "perigo" que as ideias de Aristóteles representavam, muitas autoridades religiosas procuraram evitar a divulgação de suas obras. Alguns intelectuais da época, porém, acreditavam que era possível conciliar a filosofia aristotélica com a fé cristã. Foi o caso de Tomás de Aquino, que, acessando ótimas traduções dos livros escritos pelo pensador grego, procurou provar que os pontos mais controversos para a fé cristã não haviam sido colocados pelo próprio Aristóteles, mas por seus comentadores islâmicos. Tomás de Aquino argumentou de forma mais detalhada em favor de Aristóteles em uma obra intitulada *Suma contra os gentios*, mas aspectos importantes da filosofia aristotélica encontram-se em praticamente todas as suas obras, em especial a *Suma teológica*, seu escrito de maior destaque. Além disso, o doutor da Igreja argumentava que a filosofia aristotélica é bastante útil nas discussões com os que não são cristãos e que não aceitam a verdade bíblica como definitiva.

Na atualidade, talvez muitas das discussões filosóficas da Idade Média pareceriam sem sentido. De que adiantaria, por exemplo, debater horas a fio acerca da natureza de Cristo, da imortalidade da alma ou até mesmo do sexo dos anjos? De qualquer modo, é fundamental entender a mentalidade da época. Para os medievais, cuja cultura era quase completamente dominada pela religião cristã, a vida neste mundo era apenas passageira, motivo pelo qual as questões anteriormente citadas eram tratadas com paixão: saber responder a elas adequadamente poderia significar a diferença entre a salvação e a danação eternas.

1.3
O pensamento moderno[5]

No início da Idade Moderna, a Igreja (e, consequentemente, a religião cristã) já não exercia um papel tão acentuado na cultura do Ocidente. Nesse contexto, muitos filósofos voltaram a valorizar a razão, considerando-a uma via de acesso segura ao conhecimento da verdade. Contudo, a filosofia moderna não poderia simplesmente retomar a crença ingênua, comum entre os gregos, de que a razão tenderia "naturalmente" à verdade. O cristianismo havia questionado seriamente o alcance da razão humana, e os filósofos modernos não podiam simplesmente ignorar essa crítica. É por isso que a filosofia moderna tomou como principal fundamento a questão do conhecimento. Antes de afirmar algo como verdadeiro, era necessário explicar como e por que a razão poderia alcançar a verdade.

Duas grandes correntes de pensamento procuram dar respostas a esses questionamentos: o racionalismo e o empirismo. A seguir, detalhamos as características de cada uma.

---

5 Esta seção foi baseada em Crescenzo (2007).

Para os **filósofos racionalistas**, todo conhecimento verdadeiro deriva da pura razão. Assim, essa corrente privilegia o **método dedutivo**, pelo qual, com base em enunciados gerais, chega-se a conclusões de caráter particular sem o auxílio da experiência. Para o empirismo, ao contrário, tudo o que há de verdadeiro na mente humana deve ter passado primeiramente pela experiência. Desse modo, essa perspectiva filosófica privilegia o **método indutivo**, pelo qual, por meio de experiências particulares, alcança-se um conhecimento mais amplo.

René Descartes (1596-1650) foi um dos mais influentes filósofos racionalistas. Para esse pensador, a essência do ser humano era o pensamento. O corpo e a alma seriam duas substâncias absolutamente distintas e independentes, sendo que o "eu" se identificaria com a alma, mas não com o corpo.

Como afirmava o filósofo francês, pensar não demanda algo material porque o conhecimento da verdade não depende dos sentidos. Para esse pensador, as ideias humanas são inatas, isto é, já nascem com o ser humano e só vão se manifestando à medida que ele desenvolve seu intelecto.

O racionalismo privilegia as ideias em detrimento dos aspectos materiais.

Em oposição a Descartes, os **filósofos empiristas** não aceitam a teoria das ideias inatas. Francis Bacon (1561-1626), filósofo empirista inglês do início da Idade Moderna, ao contrário do filósofo francês, enfatiza a importância de coletar informações pela experiência para só então submeter esses dados à razão. Assim como os pensadores cristãos, Bacon (1979) também acredita na existência de obstáculos que impedem a razão de alcançar a verdade. Contrariamente ao cristianismo, porém, Bacon não associa esses obstáculos ao pecado, mas aos preconceitos.

Segundo esse filósofo, existem basicamente quatro tipos de preconceitos – também chamados de *ídolos* pelo pensador – que impedem o acesso da razão ao conhecimento da realidade:

- O primeiro erro consiste em tomar como verdadeiro tudo o que os sentidos apresentam.
- O segundo erro é aceitar como verdade tudo o que foi passado pela educação.
- O terceiro erro ocorre quando se confia demasiadamente no prestígio e na autoridade de quem afirma alguma coisa.
- Finalmente, o quarto erro acontece quando se entende equivocadamente o sentido das palavras e expressões da linguagem. Nesse contexto, *preconceito* e *erro* são a mesma coisa.

Para Bacon (1979), os preconceitos, embora dificultem o conhecimento da verdade, não representam um obstáculo intransponível. Averiguando com cuidado as informações que recebe, o homem é perfeitamente capaz de alcançar um conhecimento seguro da realidade. O empirismo se coloca, assim, como um posicionamento crítico em relação ao racionalismo.

E você, que posicionamento filosófico julga mais coerente? Se ainda não tem uma opinião definida, leia mais e procure entender melhor as questões que estão em jogo. Se você já assumiu um posicionamento pessoal em face da oposição entre empirismo e racionalismo, leia mais para fundamentar melhor sua opinião ou se certificar de que ela é a mais coerente.

1.3.1 Nem racionalismo, nem empirismo: a síntese de Immanuel Kant

As especulações filosóficas da Idade Moderna foram, em parte, reflexo das mudanças que ocorriam na época tanto no campo da cultura quanto no da ciência. A ciência moderna buscava estabelecer leis gerais com base em experiências particulares. Entretanto, o empirismo e o racionalismo explicam, cada um à sua maneira, apenas parte da realidade. Conforme o primeiro, o conhecimento provém somente da experiência; como esta é sempre particular, o conhecimento não pode ter caráter universal. De acordo com o segundo, o conhecimento deriva da pura razão, e é ela que garante a universalidade do conhecimento, negando que a experiência possa fundamentar o conhecimento.

> A questão que perturbava o pensamento moderno, portanto, era a seguinte: Como o conhecimento científico pode, a um só tempo, ser universal (tese racionalista) e provir da experiência (tese empirista), se empirismo e racionalismo são posições filosóficas irreconciliáveis? Certamente, você também fez esse questionamento durante a leitura da seção anterior. Veja a seguir uma das mais importantes respostas já dadas a esse problema na história do pensamento filosófico.

Uma das soluções encontradas na filosofia moderna para o impasse entre racionalismo e empirismo foi a crítica do filósofo alemão Immanuel Kant (1724-1804). Para o pensador de Königsberg, o conhecimento envolve sempre dois elementos: o **sujeito** (aquele que conhece) e o **objeto** (aquilo que é conhecido). Segundo o estudioso, o erro dos racionalistas é acreditar que o conhecimento deriva da pura ação do sujeito, independentemente do objeto. Os empiristas, por sua vez, equivocam-se ao achar que o conhecimento decorre do puro objeto, como se o sujeito se comportasse de modo puramente passivo nesse processo. De acordo com o filósofo, portanto, o conhecimento é resultado nem só do sujeito, nem só do objeto, mas da **ação combinada de ambos**. É a ação do sujeito que permite conferir universalidade ao conhecimento, mas é a experiência que o mantém sempre renovado. Com isso, Kant conseguiu explicar filosoficamente aquilo que os cientistas já realizavam na prática.

É possível discordar da solução kantiana para o problema do conhecimento, mas é necessário reconhecer que ela é genial.

1.4
A filosofia depois de Kant

A solução kantiana para o problema do conhecimento não é definitiva. Se o sujeito exerce um papel ativo no ato de conhecer, é porque ele, de certa forma, o constrói como objeto de conhecimento. Essa ideia de Kant aproxima-se perigosamente da negação da necessidade do objeto.

Filósofos posteriores a Kant desenvolveram esse pensamento, dando origem ao **idealismo**. Da crítica aos idealistas, como Johann Gottlieb Fichte (1762-1814) e Georg Wilhelm Friedrich Hegel (1770-1831), por seus sistemas abstratos, desvinculados e indiferentes às vicissitudes da existência mundana, surgiu o **materialismo**, corrente filosófica a que aderiram autores como Ludwig Andreas Feuerbach (1804-1872) e Karl Marx (1818-1883). Assim, a filosofia contemporânea foi progressivamente acentuando o pluralismo das perspectivas filosóficas.

> Desde esse período, ficou cada vez mais difícil acreditar em uma síntese que ponha fim aos debates e apresente uma solução cabal para os problemas humanos, o que, no fundo, não deixa de ser positivo. Como o ser humano é realmente um ser extraordinariamente complexo, deve-se olhar com suspeita uma cultura na qual todos pensem exatamente da mesma maneira.
>
> Procure pesquisar sobre outras correntes e escolas filosóficas em livros de história da filosofia ou textos de filósofos e complemente seus conhecimentos.

1.5
A herança clássica da educação brasileira

Embora o Brasil já fosse habitado por diversos povos ameríndios antes do início da colonização, geralmente, toma-se como marco inicial do estudo da filosofia da educação no Brasil a vinda de educadores jesuítas à América portuguesa em meados do século XVI. Essa convenção se deve principalmente a dois fatores: em primeiro lugar, a filosofia dos nativos encontrava-se de tal modo imbricada com elementos míticos que é difícil reconhecê-la como *filosofia* no sentido estrito do termo; em segundo lugar, a diversidade cultural dos povos indígenas e a escassez de fontes sobre suas práticas pedagógicas impossibilitam a elaboração de sínteses abrangentes. Muito do que se sabe sobre os costumes dos indígenas que habitavam o atual território brasileiro foi registrado por cronistas portugueses, que os descreviam conforme seu ponto de vista e seus filtros culturais.

A Ordem Jesuíta surgiu no início do século XVI no contexto da Contrarreforma, uma reação católica à expansão da Reforma Protestante na Europa. O protestantismo, inaugurado por Martinho Lutero (1483-1546) e outros intelectuais críticos das doutrinas e práticas da Igreja Católica, representava uma grande ameaça para a estabilidade do catolicismo e para a autoridade do papa, mantidas de modo não problemático durante quase toda a Idade Média. Nesse contexto, a ordem jesuítica surgiu com a proposta de reconverter as populações que haviam aderido ao protestantismo e angariar para a fé cristã católica os povos distantes, antes que os protestantes o fizessem.

Em virtude dessa demanda, o ensino jesuíta assumiu um caráter marcantemente autoritário, certamente reforçado pelo fato de o fundador da ordem, Inácio de Loyola, ter seguido a carreira militar antes de se tornar religioso. O método de ensino dos jesuítas baseava-se, sobretudo, na repetição e na memorização de fórmulas prontas, bem adequadas ao espírito da Contrarreforma.

O método jesuíta fundava-se na *Ratio Studiorum*, um documento que estabelecia os princípios e procedimentos a serem adotados por todos os jesuítas. Embora esse conjunto de normas fosse, em última análise, escrito em Roma e imposto às comunidades missionárias em todo o mundo, não deve ser entendido simplesmente como uma imposição "de cima para baixo". Pelo contrário, os jesuítas preservavam a tradição de manter seus superiores informados do que se passava em suas respectivas regiões. Essas experiências, depois de devidamente "filtradas" em Roma, eram partilhadas com missionários em todo o mundo. Assim, um missionário jesuíta que atuasse no Brasil não estava alheio ao que acontecia com seus confrades na Europa, na Ásia, na África ou em outras partes da América. Era essa troca de experiências que dava base à *Ratio Studiorum* e que lhe conferia um caráter extremamente realista.

O pensamento pedagógico que se desenvolveu no Brasil durante o período colonial, contudo, não se limitava à simples cópia de modelos europeus. O ensino sofria influências da realidade local, dando origem a concepções e práticas específicas do contexto brasileiro. Entre os missionários jesuítas mais representativos, destacam-se os padres José de Anchieta (1534-1597), Antonio Vieira (1608-1697), Jorge Benci (1650-1708) e João Antônio Andreoni (1649-1716), também conhecido como *Antonil*.

Anchieta foi um dos primeiros missionários enviados à colônia para a catequização dos índios e conquistou imensa influência na sociedade colonial. Escreveu a primeira gramática tupi, além de poemas e peças teatrais. Nascido em Portugal, Vieira veio para o Brasil ainda criança, quando seu pai assumiu um cargo de escrivão em Salvador. Vieira é conhecido por suas críticas à escravidão indígena e pela promoção da evangelização dos povos nativos. O catequizador deixou por escrito uma série de sermões, nos quais se utiliza do discurso religioso para tratar das mais diversas questões políticas e sociais da época. Outro jesuíta que combateu a escravidão indígena em seus escritos foi o missionário italiano Jorge Benci. Em seu texto mais conhecido, *Economia cristã dos senhores no governo dos escravos*, de 1700, Benci fez extenso uso das ideias de filósofos cristãos medievais para justificar suas ideias morais e legitimar o poder monárquico e religioso na colônia. Antonil, outro missionário italiano, escreveu importantes crônicas sobre a economia e a sociedade da América portuguesa. Comum aos missionários jesuítas era a influência da teologia medieval, em especial os escritos de Tomás de Aquino.

Embora os jesuítas tenham sido formalmente expulsos do Brasil em 1759, com a ascensão do Marquês de Pombal como primeiro-ministro de Portugal, muitos aspectos da pedagogia jesuíta fincaram raízes profundas na cultura brasileira. Ao longo do século XIX e início do século XX, a Igreja católica praticamente monopolizou a educação primária e secundária, utilizando métodos de repetição e memorização de fórmulas prontas, com questionários e respostas predefinidas. Aspectos de uma educação clássica, como o ensino do latim no secundário, chegaram à segunda metade do século XX. Além disso, até poucas décadas atrás, a prática pedagógica ainda partia de uma epistemologia realista, como se os alunos fossem um quadro em branco sobre o qual se inscreveriam os conteúdos a serem transmitidos pelo professor. A noção de conhecimento como ação combinada do sujeito e do objeto, aperfeiçoada por Kant no final do século XVIII, por exemplo, recebeu a atenção de importantes pensadores brasileiros no século XIX, como Tobias Barreto Meneses, mas foi necessário esperar até o século XX para que essas concepções pudessem exercer algum impacto nas ideias pedagógicas.

Síntese

A filosofia lida com questões perenes, na maioria das vezes válidas para todos os povos e em todas as épocas. Contudo, sempre é preciso levar em consideração que os filósofos viveram em contextos histórico-sociais particulares e que, em grande medida, seu pensamento foi influenciado por essas circunstâncias. Daí a importância do estudo da história da filosofia.

Identificamos na Grécia Antiga uma reorientação da filosofia, especialmente em Atenas, em uma época na qual os filósofos gregos antigos passaram a se interessar mais por questões éticas, políticas e epistemológicas. Neste último campo, de implicações importantes para a filosofia da educação, podemos destacar as figuras de Platão e Aristóteles. Para o primeiro, o conhecimento é derivado do reconhecimento, no mundo material, de ideias primordiais existentes em uma esfera separada e superior à humana. Para Aristóteles, por outro lado, o conhecimento do universal é resultado da abstração, isto é, do conhecimento das essências das próprias coisas.

No período medieval, as especulações sobre o conhecimento encontravam-se subordinadas à fé cristã. Em outras palavras, o conhecimento da verdade identificava-se com o conhecimento de Deus por meio das escrituras e do magistério da Igreja. O estudo de filósofos antigos, nesse sentido, justificava-se na medida em que não se contrariassem as verdades da fé.

A teoria do conhecimento no mundo moderno procurou resgatar a legitimidade da razão que os medievais haviam colocado sob suspeita. Desse modo, a filosofia moderna constituiu-se com base em uma crítica que a razão faz de si mesma. As principais correntes de pensamento na modernidade foram o racionalismo e o empirismo – no primeiro, proclamava-se a primazia da razão e, no segundo, a primazia da experiência para o conhecimento humano. Immanuel Kant, pensador alemão que se situa na passagem da época moderna à contemporânea, buscou uma síntese dessas correntes, afirmando que o conhecimento provém de uma ação combinada do sujeito e do objeto.

O legado da filosofia clássica para o pensamento pedagógico brasileiro foi fundamental, especialmente para a educação jesuíta, dominante durante quase todo o período colonial. A educação brasileira, até pouco tempo atrás, ainda era fortemente influenciada pelo pensamento cristão católico, com forte referência a autores cristãos da Idade Média.

Indicações culturais

Filme

O NOME da rosa. Direção: Jean Jacques Annaud. Itália/França/Alemanha: 20th Century Fox Film Corporation, 1986. 131 min.

Baseado no livro homônimo de Umberto Eco, o filme narra uma história de mistério ambientada na Idade Média. Embora muitos dos ricos diálogos de cunho filosófico do livro estejam ausentes no filme, é interessante observar os valores da época, em especial a importância que se dava à leitura de Aristóteles e a ameaça que o filósofo representava para a fé cristã no período.

Livros

GAARDER, J. O mundo de Sofia. São Paulo: Companhia das Letras, 1995.

O livro trata, de forma romanceada e bastante envolvente, de algumas das principais correntes e alguns dos autores fundamentais da filosofia no Ocidente.

PENHA, J. da. Períodos filosóficos. São Paulo: Ática, 1987. (Série Princípios).

Resumidamente, o autor apresenta os principais períodos, autores e correntes da filosofia.

MONDIN, B. Curso de filosofia. São Paulo: Paulinas, 2001. 3 v.
Trata-se de obra de referência em três volumes que abrangem as filosofias antiga, medieval, moderna e contemporânea. Não obstante seja uma obra extensa, sua leitura é valiosa para o aprofundamento do estudo de um período ou do pensamento de um filósofo em particular.

Atividades de autoavaliação

1. Assinale V nas afirmativas verdadeiras e F nas falsas:

    ( ) Afirmar que os problemas filosóficos são atemporais significa dizer que eles remetem a condições universais da existência humana.

    ( ) Apesar de os filósofos viverem situações históricas particulares, seu pensamento pouco ou nada tem a ver com o contexto histórico em que vivem ou viveram.

    ( ) As concepções e métodos pedagógicos variaram imensamente de uma época para a outra e, consequentemente, a reflexão filosófica sobre essas práticas foi influenciada por essas mudanças.

    ( ) Na divisão dos períodos filosóficos, costuma-se excluir a Idade Antiga, pois pensadores como Sócrates, Platão e Aristóteles são atualmente considerados poetas ou líderes religiosos, e não filósofos.

    Marque a alternativa que indica a sequência correta:
    a) V, F, F, V.
    b) F, V, F, V.
    c) V, F, V, F.
    d) V, V, V, F.

2. Leia atentamente as proposições a seguir:

   I. As especulações filosóficas gregas se referiam principalmente ao cosmos; as questões éticas e políticas só começaram a ser levadas a sério na época contemporânea.
   II. Na concepção platônica, as ideias são seres perfeitos, que existem por si mesmos desde sempre e para sempre.
   III. De acordo com a fé cristã, o conhecimento humano de Deus se encontra comprometido por causa do pecado.
   IV. Tal como os gregos antigos, os filósofos modernos afirmam que a razão tende "naturalmente" ao erro, em virtude do pecado original.

   Estão corretas apenas as afirmativas:
   a) I e IV.
   b) II e III.
   c) I e III.
   d) III e IV.

3. Considerando a filosofia grega antiga, assinale a alternativa correta:

   a) Os cidadãos atenienses buscavam participar ativamente da vida pública, o que deles exigia um conhecimento mínimo das leis e dos costumes, fator que estimulava discussões sobre ética e política.
   b) Personalidade importante de seu tempo, Sócrates legou diversos textos escritos, a maioria deles de próprio punho.
   c) Para Platão, os dados brutos da experiência, e não o pensamento, permitem ao homem ter acesso às ideias imutáveis, como a ideia do bem, da verdade e da justiça.
   d) Para Aristóteles, a vida virtuosa é a recusa dos prazeres corpóreos, e não a moderação, como queria Platão.

4. A respeito da filosofia medieval, assinale a alternativa incorreta:

   a) Durante a Idade Média, no Ocidente, a filosofia tratou de muitos dos mesmos problemas que haviam ocupado as mentes dos gregos antigos.

   b) A religião cristã, em muitos aspectos, era um obstáculo à livre reflexão filosófica e, por isso, diversos pensadores medievais foram condenados por apresentarem ideias contrárias a ela.

   c) A verdade absoluta, em uma perspectiva cristã, só pode ser conhecida por meio da fé.

   d) Os filósofos antigos, especialmente os gregos, eram praticamente desconhecidos no período medieval.

5. Sobre a filosofia moderna, assinale a alternativa correta:

   a) Para o empirismo, todo conhecimento verdadeiro deriva da pura razão. Assim, essa corrente privilegia o método dedutivo.

   b) Para o racionalismo, tudo o que há de verdadeiro na mente humana deve ter passado primeiramente pela experiência. Nesse sentido, o racionalismo privilegia o método indutivo.

   c) De acordo com Kant, o conhecimento é resultado nem só do sujeito, nem só do objeto, mas da ação combinada de ambos.

   d) Para Kant, é a experiência que permite conferir universalidade ao conhecimento, mas é a ação do sujeito que o mantém sempre renovado.

6. Considerando o pensamento pedagógico brasileiro, assinale a alternativa correta:

   a) O pensamento filosófico dos povos indígenas da América era semelhante ao europeu e excluía completamente os aspectos mitológicos.

   b) O ensino jesuíta era essencialmente democrático, voltado ao desenvolvimento do pensamento crítico.

   c) A educação jesuíta no Brasil caracterizou-se pelo amálgama dos pensamentos pedagógico e filosófico europeus com base na realidade local.

   d) Com a expulsão dos jesuítas do Brasil em meados do século XVIII, a influência religiosa na educação brasileira desapareceu.

Atividades de aprendizagem

Questões para reflexão

1. Compare o pensamento de Platão com o de Aristóteles. Identifique semelhanças e diferenças.

2. De que modo o cristianismo afetou a filosofia medieval?

3. Explique a síntese kantiana sobre o racionalismo e o empirismo.

Atividade aplicada: prática

Faça uma pesquisa sobre qualquer um dos filósofos mencionados neste capítulo. Componha um texto sobre a vida, as principais obras e as ideias do pensador escolhido.

2.

O naturalismo

O naturalismo é uma tendência filosófica característica do período moderno. Para entendê-la, é preciso ter em mente a oposição entre natureza e civilização. A primeira corresponde àquilo que não surgiu em decorrência da ação humana: nuvens, rios, vegetação nativa, animais selvagens, peixes, crustáceos etc. Trata-se do conjunto de elementos que, nos dias de hoje, chamamos de *meio ambiente*. Já a segunda é resultado da transformação da natureza pelas sociedades humanas: cidades, ciência, arte, literatura ou mesmo um jardim cultivado são elementos da civilização. Embora essa distinção pareça relativamente fácil, ela é extremamente problemática. Os seres humanos, que forjaram e que sustentam as civilizações, são eles próprios seres biológicos – animais – e, portanto, são também parte da natureza.

O naturalismo parte do pressuposto de que a natureza é essencialmente boa e que o aperfeiçoamento físico e moral ocorre à medida que o homem se afasta de suas práticas civilizadas e retorna a um estado natural. Essa corrente postula, assim, uma volta do ser humano à sua verdadeira essência, partindo do princípio de que a civilização construída é um mundo artificial, bem como a origem dos males morais e até mesmo físicos.

O principal filósofo da vertente naturalista é Jean-Jacques Rousseau (1712-1778), pensador nascido no século XVIII em Genebra. Segundo o suíço, o homem é bom por natureza, mas a sociedade o corrompe. Em muitos aspectos, porém, o filósofo estava na contracorrente de seu tempo e polemizava frequentemente com seus contemporâneos. Por isso, antes de tratarmos especificamente de Rousseau, é importante esboçarmos um panorama geral do Iluminismo, movimento filosófico e cultural extremamente influente no século XVIII e com o qual a filosofia do estudioso genebrino se articula. Ao estudar a filosofia de Rousseau, você entrará em contato com um dos sistemas filosóficos que mais exerceram influência na história do pensamento pedagógico.

2.1
O Iluminismo

O Iluminismo representa o auge de um movimento de ruptura com as tradições herdadas do período medieval. Durante o Renascimento (séculos XIV a XVII), apesar da intensa valorização do ser humano, muitos aspectos da sociedade medieval ainda se mantinham, como a estrutura aristocrática da sociedade e o apego ao latim. Nem mesmo a Reforma Protestante, que abalou o domínio da Igreja Católica no mundo europeu do século XVI, alterou o fato de que a fé cristã continuava dominando a mentalidade das pessoas da época.

Contudo, a emergência de uma nova classe social – a burguesia – alterou esse estado de coisas de maneira lenta, mas progressiva. No século XVIII, a burguesia já se encontrava em pleno desenvolvimento, disputando o poder com a nobreza e, em algumas ocasiões, tomando-o para si, como sucedeu nas Revoluções Francesa e Americana. Essa disputa de poder era consequência da valorização do ideal burguês de enriquecimento por meio do trabalho, em contraste com o ideal da nobreza, que mantinha uma sociedade de privilégios com base nas distinções de nascimento.

Tente se colocar no lugar de uma pessoa que viveu naquela época: quantas transformações! Reflita: qual foi o impacto dessas transformações para a filosofia da educação?

Como forma de contestar os privilégios dos nobres, filósofos iluministas, de inspiração burguesa, empreendiam uma dura crítica ao regime monárquico absolutista, que era a base de sustentação da nobreza. Os iluministas criticavam também o clero, visto como outra categoria social, ao lado da nobreza, que mantinha vantagens políticas e econômicas indevidamente. Um dos mais característicos pensadores desse movimento foi François-Marie Arouet, mais conhecido pelo pseudônimo Voltaire (1694-1778). Em sua obra *Cartas inglesas*, por exemplo, há vários elogios à política e à sociedade da Inglaterra, o que, em verdade, era uma forma disfarçada de criticar as instituições francesas.

Voltaire

Ao discorrer sobre a política, por exemplo, Voltaire se mostra favorável ao parlamentarismo, no qual o rei tem de se submeter a um parlamento. Nesse sistema, o monarca é livre para fazer o bem, mas tem as mãos atadas para fazer o mal. Com esse elogio, Voltaire criticava veladamente o sistema político francês, no qual o rei tinha o poder absoluto, principalmente direcionado ao mal. Ao tratar da religião, esse pensador descreve com entusiasmo o cenário inglês, onde havia pluralidade de crenças e relativa tolerância religiosa, em contraste com a França, onde católicos e protestantes se confrontavam em episódios sangrentos. As *Cartas inglesas*, portanto, constituem um exemplo claro de como a razão iluminista rejeitava tanto a Igreja quanto a monarquia absolutista.

No livro *Cândido*, Voltaire retoma esses temas – valorização da razão e do ideal burguês, crítica à Igreja e à monarquia absolutista –, mas dois aspectos devem ser ressaltados. O primeiro refere-se àquilo que o autor chamou de **romance filosófico**. Em vez de escrever um tratado, Voltaire conta uma história na qual o personagem principal, um jovem chamado Cândido, vive uma série de desventuras. O segundo aspecto diz respeito ao fato de a obra permitir o debate sobre a **concepção iluminista de educação**, uma vez que Cândido tem aulas com um preceptor, uma espécie de professor particular em tempo integral, algo muito comum entre os nobres da época.

Fica evidente ao longo do romance a dicotomia entre o saber formal, transmitido pelo preceptor, e as duras realidades da vida. Enquanto o Doutor Pangloss, professor de Cândido, se perde em divagações metafísicas, seu aluno é obrigado a encontrar por si mesmo a solução para os problemas que o afligem. É patente, portanto, a crítica de Voltaire ao modelo de educação praticado pela nobreza da época. Em oposição a esse ensino livresco e distanciado das preocupações do dia a dia, o filósofo defende a necessidade de uma aprendizagem que enfatize questões de ordem prática. Isso não é genial? Quanto as teorias pedagógicas de hoje não devem a pensadores como Voltaire!

Apesar de fundamentar seu sistema filosófico na noção de *natureza humana*, Voltaire não concebia uma oposição entre natureza e civilização. Aliás, o progresso e o refinamento dos costumes eram extremamente valorizados por esse autor, o que o difere de outros filósofos iluministas, como Jean-Jacques Rousseau, de quem trataremos a seguir.

2.1.1 Jean-Jacques Rousseau[1]

O pensamento de Rousseau é difícil de sintetizar, pois ele escreveu ao longo de toda a sua vida, mudando algumas de suas concepções fundamentais com o passar dos anos. De qualquer modo, os temas do "bom selvagem" ou do "homem natural" são alguns dos pressupostos que perpassam toda a sua obra. É importante pois, examinarmos tais temas antes de avançarmos nas ideias pedagógicas de Rousseau. Esses são conceitos normalmente trabalhados no ensino médio, mas muito rapidamente. Que tal relembrar e aprofundar seus conhecimentos sobre esse assunto?

---

1 Esta seção foi elaborada com base em Rousseau (1989) e Starobinski (1991).

Jean-Jacques Rousseau

De acordo com Rousseau, em tempos remotos, antes de surgir a civilização, o ser humano vivia em um estado de harmonia com a natureza. Tratava-se de um ser essencialmente bom, visto que a natureza humana é boa. No entanto, o contato com a civilização corrompeu a alma humana e tornou seu caráter cheio de vícios. Progressivamente, o homem foi se afastando desse estado natural, associando-se a outros e tornando seus costumes cada vez mais requintados. As ciências e as artes, longe de representarem um verdadeiro aprimoramento para a humanidade, promoveram desigualdades entre os indivíduos, inspirando sentimentos como orgulho e inveja. A partir de então, o ser humano se tornou mesquinho e egoísta, e o mal se instalou definitivamente na sociedade.

Para corroborar sua tese da existência de um estado natural anterior ao estado civilizado, Rousseau apresentou dois exemplos: as crianças e os indígenas da América. As crianças são boas e transparentes em seus pensamentos e emoções, mas, à medida que crescem, vão tomando mais contato com os adultos ou com crianças mais velhas e vão aprendendo a mentira, a calúnia, o desprezo, a inveja, o egoísmo, a hipocrisia, o ciúme e todos os demais vícios que envenenam a alma humana. De modo semelhante, os índios da América são descritos como seres bons e autênticos, que só começaram a se corromper a partir do contato com o homem civilizado.

> É possível que, para você, esses exemplos pareçam um tanto ingênuos, mas tente imaginar como foram recebidos pelos intelectuais do século XVIII. Você não acha que devem ter sido bastante convincentes na época?

Na verdade, Rousseau nunca visitou a América para verificar seu pressuposto de uma bondade natural inerente ao caráter dos ameríndios, mas isso não impediu que suas ideias fossem bem recebidas pelo público europeu em geral, que, na maioria dos casos, também jamais havia visto um indígena e nutria uma visão idealizada e romântica do nativo americano.

Embora o filósofo suíço tivesse sido um autor bastante popular – seus livros eram verdadeiros *best-sellers* para os padrões editoriais da época –, suas ideias eram muitas vezes mal compreendidas. Voltaire, por exemplo, um dos mais ácidos críticos do pensamento rousseauniano, afirmava com sarcasmo que ninguém havia se empenhado tanto quanto Rousseau para converter os homens em animais e que a leitura das obras desse pensador o inspirava a ficar em quatro patas e a comer grama. Entretanto, o fato de Rousseau elogiar o homem natural, ressaltando sua superioridade em comparação com o homem civilizado, não significa que ele propusesse uma volta a um estágio animal, e isso por dois motivos:

1. A associação primitiva de indivíduos era vista por Rousseau como um estágio de maior felicidade; bem-estar que a animalidade; só após o advento das ciências e da arte é que o ser humano começou a se corromper.

2. Mesmo que o ser humano quisesse, jamais voltaria ao estado de inocência e autenticidade característico do estado de natureza. Uma vez corrompido, o ser humano está corrompido para sempre, não há possibilidade de retorno.

De acordo com a perspectiva rousseauniana, o tema *estado de natureza* inspira duas propostas: uma de ordem política e outra de ordem pedagógica, e nenhuma das duas se confunde com um "retorno à animalidade", como queria fazer crer Voltaire. Do ponto de vista político, Rousseau admite que a corrupção do caráter humano é inevitável; mas, se o homem é tão mau, como é possível viver em sociedade? Se cada um está sempre buscando realizar propósitos mesquinhos, como os indivíduos são capazes de conviver uns com os outros?

A resposta, segundo o pensador genebrino, é que, na passagem do estado de natureza ao de civilização, os seres humanos estabelecem um **contrato social**, isto é, criam um conjunto de leis e instituem um poder soberano para garantir seu cumprimento. Desse modo, apesar de seu caráter degenerado, os homens conseguem viver com certa medida de harmonia social, pois temem os castigos previstos na lei. Do ponto de vista pedagógico, Rousseau propõe uma educação em sintonia com a natureza, de modo que o ser humano possa desenvolver ao máximo suas potencialidades sem comprometer a retidão de seu caráter e a pureza de sua alma.

Isso tudo não é fantástico? Você pode entender agora com que propósito Rousseau escreveu *Emílio*, seu tratado pedagógico.

Emílio ou da educação (Rousseau, 2004) é uma obra de ficção na qual o próprio autor se apresenta como um personagem, o de preceptor, cuja função é educar o garoto Emílio, desde o nascimento até a idade adulta. Para o estudioso suíço, o ideal é que a criança cresça e se desenvolva em isolamento, tendo contato apenas com o preceptor, que deve ser uma pessoa especial, alguém dotado de um caráter moral irrepreensível. Até mesmo a presença dos pais é dispensada, pois eles se preocupam em demasia com o bem-estar de seus filhos, poupando-os muitas vezes de experiências desagradáveis, mas necessárias a seu desenvolvimento.

Segundo Rousseau, nos primeiros anos de vida é importante que as crianças recebam leite materno e que o costume de enrolar os bebês em faixas seja evitado. Na época, acreditava-se que esse procedimento contribuía para melhorar a postura da criança. Para o filósofo francês, no entanto, essa prática representa o primeiro momento de cerceamento da liberdade na vida do indivíduo. Para o autor, até os 12 anos de idade, a criança deve ser exposta ao maior número possível de estímulos dos sentidos, pois um dos grandes problemas da civilização é que os pequenos aprendem a ler muito cedo e, com isso, fecham-se para o rico universo da experiência sensória. Ver, ouvir, degustar, cheirar e tatear são atividades naturais que podem ser aprimoradas com a educação, porém, na maioria das vezes, a educação livresca das escolas colabora para o enfraquecimento dessas possibilidades.

Do ponto de vista do filósofo suíço, outro grande problema relacionado às crianças é a **punição física**. Como vivem em um mundo de liberdade espontânea e natural, elas desconhecem o conceito de *disciplina*; portanto, devem aprender não sob a ameaça de castigo, mas percebendo as consequências de suas próprias ações. O castigo é sentido pela criança como uma injustiça, gerando ressentimento. Por outro lado, ela é capaz de compreender as consequências desagradáveis de uma ação que tenha sido má praticada, evitando, assim, repeti-la no futuro.

Conforme Rousseau, a partir dos 12 anos de idade, inicia-se a idade da razão. Essa fase é muito importante para evitar que o amor de si, que é bom e natural, se transforme em amor-próprio, fonte de todos os vícios. Nesse sentido, o filósofo propõe aquilo que muitos comentadores de sua obra, como Viroli (1998) e Scott (2006), chamam de *moral negativa*, isto é, o fundamental não é ensinar a virtude, mas evitar que se aprenda o vício. Para tanto, é preciso estimular no jovem o sentimento de empatia – a capacidade de se colocar no lugar de outra pessoa, de se solidarizar com os sentimentos alheios. Isso demanda ter contato com outras pessoas. Todavia, esse contato, ao menos no início, não pode ser direto, pois as pessoas são dissimuladas – mostram-se de um jeito e agem de outro, enganando o jovem aprendiz e levando-o a também agir assim no futuro.

Eis aí a relevância do estudo da história na narrativa rousseauniana. Por meio dela, o jovem pode ter contato com pessoas do passado que, como as do presente, também amaram, sofreram, trabalharam, traíram, acovardaram-se etc. Como os personagens do passado podem ser vistos de maneira completa, o garoto personagem do livro pode conhecer, ao mesmo tempo, o que disseram e o que fizeram, o que permite a ele compreender o que é a dissimulação, sem necessariamente tornar-se também um dissimulado.

De acordo com Rousseau, a idade da razão é o período em que Emílio é capaz de acessar a ideia de *divindade*, podendo, portanto, principiar sua educação religiosa. Na sociedade civilizada, as crianças aprendem sobre religião muito cedo e, para tanto, recorre-se a imagens fantasiosas, como anjos com asas, demônios com chifres ou um Deus velho e barbudo. Como resultado, na idade adulta, os indivíduos são incapazes de se desvencilharem dessas imagens infantis. O que Rousseau propõe é uma compreensão de Deus com base na pura razão. Somente depois disso é que Emílio pode aderir a uma ou a outra confissão religiosa.

Na última parte da narrativa, Rousseau trata da educação de Sophie, aquela que deve tornar-se a esposa de Emílio. O interessante é que, segundo sua concepção, homens e mulheres devem ter temperamentos e atitudes diferentes, e cabe à educação promover essa diferenciação. O homem deve ser ativo e forte, e a mulher deve ser passiva e fraca, assumindo como seu principal papel o de agradar ao homem.

De modo geral, a proposta pedagógica de Rousseau consiste em deixar o educando o máximo possível junto à natureza e afastado da civilização, a fim de que seu caráter natural, essencialmente bom, não se corrompa. Após a idade adulta, Emílio, o educando, será capaz de interagir com os outros, perceber seus vícios sem se deixar corromper por eles, uma vez que já tem seu caráter plenamente formado.

O impacto da filosofia de Rousseau em sua época foi enorme e não lhe faltaram admiradores. As críticas, porém, também se fizeram inevitáveis diante de posicionamentos por vezes tão distantes do senso comum. São algumas dessas críticas que veremos a seguir.

2.2
Apreciação crítica sobre o naturalismo

O naturalismo desempenhou um papel importante na história do pensamento pedagógico ao propor a superação do modelo aristocrático, no qual a escola constituía um ambiente artificial, completamente desvinculado da vida cotidiana. Ao priorizarem o papel da experiência na aprendizagem, as ideias de Rousseau configuraram as bases do pensamento pedagógico moderno.

A principal crítica que se fazia – e ainda se faz – ao pensamento pedagógico de Rousseau é sua inviabilidade prática. Afinal, quem permitiria que seu filho ou filha fosse educado como Emílio, praticamente isolado, para preservar seu caráter natural contra a corrupção da sociedade civilizada? Tanto a moderna psicologia como o próprio bom senso atestam o absurdo de tal proposta: uma pessoa apartada de tudo e de todos, ainda que em contato com a natureza, não passaria por um processo de socialização e, portanto, teria dificuldades para se integrar à sociedade posteriormente. Longe de promover a educação ideal, a proposta de Rousseau inspiraria a formação de indivíduos antissociais.

Apesar dessa crítica absolutamente pertinente, não se deve perder de vista o propósito de Rousseau ao escrever *Emílio*. Nessa obra, segundo seu autor, não havia a intenção de apresentar um roteiro prático para pais e professores, mas de estimular a imaginação, fazer as pessoas pensarem. Nesse sentido, o objetivo foi plenamente alcançado. Rousseau foi um dos filósofos mais populares de seu tempo e, mesmo sem propor um modelo pedagógico viável, seus escritos inspiraram outros educadores a tentar superar o modelo aristocrático e livresco de educação legado na época do Renascimento.

2.3
Iluminismo e naturalismo na educação brasileira[2]

Durante o século XVIII, era comum no Brasil que os jovens de famílias abastadas fossem enviados à Europa para fazer cursos

---

2 Os conceitos apresentados nesta seção foram baseados em Atallah (2006).

superiores. Essa demanda se devia à quase inexistência de instituições de ensino superior em solo brasileiro em virtude das restrições impostas pela Coroa portuguesa. Por essa razão, era relativamente intenso o influxo de leituras e ideias caras ao Iluminismo, uma vez que esse movimento se encontrava bastante difundido à época. É notável, por exemplo, a influência do ideário iluminista em movimentos separatistas, como a Inconfidência Mineira, de 1789; a Conjuração Fluminense, de 1794; a Revolta dos Alfaiates, de 1798, na Bahia; e a Revolução Pernambucana, de 1817. A crítica à monarquia absolutista empreendida pelos pensadores iluministas alimentava as hostilidades ao poder da Coroa portuguesa, inspirando esses movimentos nativistas e secessionistas.

Convém destacarmos que a influência do Iluminismo não se restringiu à política, tendo também forte impacto nas ideias pedagógicas. Um dos textos mais importantes escritos em língua portuguesa no século XVIII foi a obra intitulada *O verdadeiro método de estudar*, do clérigo português **Luís António Verney** (1713-1792). Nessa obra, o autor fez duras críticas aos métodos pedagógicos tradicionais, mantidos pelos jesuítas, e propôs um ensino menos livresco e mais próximo das realidades concretas dos alunos. Nesse sentido, o religioso estimulava: o ensino da língua materna e das línguas modernas (o ensino jesuíta priorizava o latim); a substituição de um ensino de retórica de caráter ornamental por um que priorizasse o desenvolvimento das capacidades da razão; e a introdução de estudos de história e geografia e de estudos experimentais de física. Verney também defendia que a instrução elementar deveria ser ministrada a todos, independentemente do sexo ou da camada socioeconômica a que a criança pertencesse. O clérigo propunha ainda que o Estado português deveria assumir a responsabilidade financeira pela manutenção do ensino. Embora tenham enfrentado dura resistência na época, as ideias de Verney encontraram um contexto de recepção favorável com a expulsão dos jesuítas dos territórios portugueses em 1759 e a adoção de políticas de inspiração iluminista durante a administração do Marquês de Pombal entre 1750 e 1777. É difícil avaliar o quanto Verney era lido no Brasil, mas, ainda que indiretamente, é certo que suas propostas tiveram repercussão bastante forte em Portugal e em suas colônias.

Outro autor português cujas ideias pedagógicas exerceram forte influência no Brasil no século XVIII foi Martinho de Mendonça de Pina e Proença (1693-1743), com sua obra *Apontamentos para a educação de um menino nobre*, de 1734. Tal como Voltaire em seu livro *Cândido*, Proença apresenta a educação do nobre no ambiente doméstico, a cargo de um preceptor. Além disso, o autor entende que o objetivo da educação é formar o sujeito para o serviço ao soberano e repudia a ideia de que o nobre seja educado em escolas, em contato com membros de outras classes sociais. Por esses aspectos, as ideias pedagógicas de Proença são conservadoras, mas têm também um caráter inovador, tendo em vista seu contexto histórico. A exemplo de Verney, Proença defendia a prioridade da língua materna sobre o latim e propunha conteúdos pragmáticos em substituição à erudição vazia e distante da realidade vivida, como era comum na educação jesuítica. Inspirado pelas ideias do filósofo inglês John Locke (1632-1704), Proença argumentava que a educação deve ser formativa, não meramente informativa, razão pela qual seria imperioso enfatizar o aprimoramento moral, além do intelectual.

O pensamento de outro português também teve eco nas ideias e práticas pedagógicas no Brasil: António Nunes Ribeiro Sanches (1699-1783), com sua obra *Cartas sobre educação da mocidade*, de

1759. Trata-se de um texto dirigido ao rei Dom João V, de Portugal, no qual o estudioso argumentava que a educação estava nas mãos da Igreja e que esta tinha interesses próprios, diferentes dos do Estado. Para esse pensador português, o objetivo principal da educação não era a formação religiosa, mas a educação cívica, que estimularia o patriotismo, a fim de preparar o cidadão para servir às necessidades do Estado. Assim, diferentemente de Proença, que restringia a educação à nobreza, Sanches acreditava que a escola deveria ser oferecida pelo Estado a todos os cidadãos, independentemente da camada social a que pertencessem.

Muitas das ideias pedagógicas dos iluministas portugueses encontravam-se em sintonia com o pensamento pedagógico naturalista de Rousseau. Para Verney, Proença e Sanches, o saber livresco que o filósofo suíço tanto condenava deveria ser substituído por uma educação voltada às vivências do aluno. Entretanto, os pensadores brasileiros que mais se destacaram no âmbito do naturalismo eram autores de literatura do século XIX. Tal como na filosofia de Rousseau, o naturalismo literário oitocentista privilegiava os impulsos naturais do ser humano em detrimento dos fatores culturais e da civilização. No entanto, diferentemente da abordagem do estudioso genebrino, que via na ciência e na arte os fatores de degeneração da natureza humana, a literatura naturalista do século XIX enfatizava a proeminência da natureza – na forma de instintos, hereditariedade ou influência do meio – sobre os costumes civilizados. Exemplo de literatura naturalista é o romance *O missionário*, de Inglês de Souza (1853-1918), no qual o protagonista, Padre Antônio de Moraes, tenta seguir sua vocação sacerdotal, mas é atormentado pelos instintos que o levam ao desejo carnal por Clarinha, uma mameluca. Mais do que em Rousseau, portanto, o naturalismo literário brasileiro do século XIX inspira-se na ciência, em especial no darwinismo, e na abordagem do pensador francês Hippolyte Taine (1828-1893), para o qual as ações humanas são determinadas pela raça, pelo meio natural e social e pelo contexto histórico.

Síntese

O naturalismo é uma corrente filosófica que postula uma diferença essencial entre dois domínios, o da natureza e o da civilização, entendendo a segunda como uma degeneração da primeira. A proposta naturalista consiste em um retorno do ser humano a uma condição natural original ou à não corrupção dessa condição mais autêntica do ser humano. O naturalismo deriva de um movimento mais amplo, o Iluminismo, cujo autor mais importante é Voltaire, para quem a educação deveria superar o modelo livresco adotado pela nobreza, colocando a razão acima da tradição.

Dentre os filósofos naturalistas, o mais representativo é Jean-Jacques Rousseau, para quem o ser humano é bom por natureza, mas é corrompido pela sociedade. Nesse sentido, esse pensador imagina uma condição primitiva da humanidade, o estado de natureza, que cedeu lugar ao estado de civilização, uma condição na qual predominam a maldade e a dissimulação.

Emílio ou da educação, a principal obra pedagógica do filósofo suíço, conta a história fictícia do personagem que deu nome ao livro, um jovem educado longe da civilização de modo a preservar a bondade natural de seu caráter. Rousseau foi muito criticado pela impossibilidade de aplicação prática das ideias apresentadas nessa obra. Todavia, ele mesmo admitia que seu objetivo não era oferecer conselhos práticos, mas estimular a imaginação. De todo modo, o autor obteve muito sucesso, pois foi muito lido e influenciou de modo marcante o pensamento pedagógico moderno.

O Iluminismo esteve presente na educação brasileira por meio da influência das ideias pedagógicas de pensadores portugueses como Luís António Verney, Martinho de Mendonça de Pina e Proença e António Nunes Ribeiro Sanches. No contexto brasileiro, o naturalismo esteve presente principalmente na literatura do século XIX, mas um tanto distante do pensamento de Rousseau e mais próximo de autores como Charles Darwin e Hipollyte Taine.

Indicações culturais

Filmes

> CARAMURU: a invenção do Brasil. Direção: Guel Arraes. Brasil: Columbia Pictures do Brasil, 2001. 88 min.

O filme conta, de forma satírica, a história de Diogo Álvares, um náufrago português que passou a viver com os indígenas no Brasil, no século XVI. O filme retrata o encontro entre o homem civilizado e o homem selvagem, conceitos que remetem à concepção política de Rousseau.

> AMADEUS. Direção: Milos Forman. EUA: Warner Home Video, 1984. 240 min.

O filme apresenta aspectos da vida do compositor Wolfgang Amadeus Mozart e mostra cenários e situações típicas da sociedade europeia do século XVIII, na qual Rousseau e Voltaire viviam.

Livros

ROUSSEAU, J.-J. Emílio ou da educação. 3. ed. São Paulo: M. Fontes, 2004.

Essa obra é fundamental para a compreensão do pensamento pedagógico de Rousseau.

VOLTAIRE. Cândido, ou o otimismo. São Paulo: M. Fontes, 2003.

Um dos textos mais representativos do pensamento iluminista, essa obra apresenta, entre outros aspectos, uma paródia bem-humorada da relação entre professor e aluno no século XVIII, nas aventuras de Cândido e seu mestre, o Doutor Pangloss.

Artigos

FERRARI, M. Jean-Jacques Rousseau: o filósofo da liberdade como valor supremo. Nova Escola, out. 2008. Disponível em: <http://novaescola.org.br/conteudo/458/filosofo-liberdade-como-valor-supremo>. Acesso em: 1º mar. 2017.

Nesse texto, o autor comenta alguns dos conceitos básicos da filosofia de Rousseau.

SOUZA, A. C. de. Rousseau: a arte da filosofia, literatura e educação. Disponível em: <http://www.unicamp.br/~jmarques/cursos/2001rousseau/acs.htm>. Acesso em: 1º mar. 2017.

Trata-se de um artigo com informações gerais sobre a vida e o pensamento de Rousseau, com ênfase em suas ideias pedagógicas.

Atividades de autoavaliação

1. Leia atentamente as proposições a seguir:

    I. A diferença entre natureza e civilização não é problemática conceitualmente, uma vez que o ser humano, que produz a civilização, não faz parte da natureza.

II. O naturalismo parte do pressuposto de que a natureza é essencialmente boa, mas se corrompe no contato com a civilização.

III. O Iluminismo foi um importante movimento artístico e filosófico; no entanto, suas implicações políticas foram insignificantes.

IV. Os iluministas criticavam o clero, argumentando que a Igreja mantinha vantagens políticas e econômicas indevidas.

Estão corretas apenas as afirmativas:

a) I e III.
b) I e II.
c) III e IV.
d) II e IV.

2. Assinale V nas afirmativas verdadeiras e F nas falsas:

( ) Em oposição à tendência dominante na época, Voltaire defendia um ensino livresco, em detrimento das questões de ordem prática.

( ) De acordo com Rousseau, em tempos remotos, antes do surgimento da civilização, o ser humano vivia em um estado de harmonia com a natureza.

( ) Voltaire era um dos mais ardorosos defensores das ideias de seu amigo Rousseau.

( ) Do ponto de vista pedagógico, Rousseau propõe uma educação mais em sintonia com a natureza.

Marque a alternativa que indica a sequência correta:

a) V, F, V, F.
b) F, F, V, V.
c) F, V, F, V.
d) V, V, F, F.

3. Considerando o pensamento de Voltaire, assinale a alternativa correta:

   a) Voltaire defendia os privilégios dos nobres e do clero, argumentando que a ordem social existente era de inspiração divina.

   b) Voltaire considerava a organização da Inglaterra inferior à da França, onde havia ampla liberdade política e tolerância religiosa.

   c) No livro *Cândido, ou o otimismo*, Voltaire faz uma defesa incondicional da autoridade religiosa e, em especial, da autoridade dos clérigos católicos.

   d) O pensamento de Voltaire era francamente antiabsolutista e anticlerical.

4. A respeito do pensamento de Rousseau, assinale a alternativa **incorreta**:

   a) As ciências e a arte, longe de representarem um verdadeiro aprimoramento para a humanidade, na verdade promovem desigualdades entre os homens.

   b) Os índios da América são descritos por Rousseau como seres bons e autênticos, que se corromperam após o contato com o homem civilizado.

   c) Ao elogiar o homem natural, afirmando sua superioridade em comparação com o homem civilizado, Rousseau propõe uma volta a um estágio animal.

   d) Na passagem do estado de natureza ao de civilização, os seres humanos estabelecem um contrato social, isto é, criam um conjunto de leis e instituem um poder soberano para garantir seu cumprimento.

5. Leia o excerto a seguir e assinale a alternativa correta:

> Concebo na espécie humana dois tipos de desigualdade: uma a que chamo de natural ou física, por ser estabelecida pela natureza, e que consiste na diferença de idades, de saúde, das forças do corpo e das qualidades do erspírito ou da alma; outra, que se pode chamar de desigualdade moral ou política, porque depende de uma espécie de convenção, e é estabelecida ou pelo menos autorizada pelo consentimento dos homens. Esta consiste nos diferentes privilégios, de que gozam alguns em prejuízo de outros, como de serem mais ricos, mais homenageados, mais poderosos ou mesmo o de se fazerem obedecer. (Rousseau, 1989, p. 48)

a) A diferença entre os dois tipos de desigualdade de que trata o autor é decorrente da diferença de idades.

b) A desigualdade moral ou política define o estado de natureza de Rousseau.

c) A desigualdade natural ou física, em Rousseau, é a causa principal da degeneração do caráter humano.

d) A diferença de privilégios, na concepção naturalista de Rousseau, é um desdobramento da desigualdade moral ou política.

6. Considerando a influência do pensamento iluminista na educação brasileira, assinale a alternativa correta:

a) A ampla oferta de cursos superiores no Brasil no século XVIII permitiu o desenvolvimento de um pensamento autônomo no país, sem qualquer relação com o Iluminismo europeu.

b) Autores como Luís António Verney, Martinho de Mendonça de Pina e Proença e António Nunes Ribeiro Sanches alinhavam-se ao Iluminismo português do século XVIII e exerceram influência sobre o pensamento pedagógico brasileiro.

c) Ao proporem uma educação menos livresca e mais sintonizada com as vivências dos alunos, os pensadores iluministas portugueses do século XVIII opuseram-se radicamente às ideias de Rousseau.

d) O naturalismo no Brasil, que se estendeu até o século XIX, eliminava completamente a distinção entre natureza e civilização.

Atividades de aprendizagem

Questões para reflexão

1. Qual dos pensadores estudados neste capítulo se encontra mais em sintonia com as tendências iluministas: Voltaire ou Rousseau? Justifique sua resposta.

2. Descreva e comente as ideias pedagógicas de Voltaire.

3. Descreva e comente as ideias pedagógicas de Rousseau.

Atividade aplicada: prática

Escreva um texto com, no mínimo, 20 linhas em que as seguintes perguntas sejam respondidas: Você entregaria seu filho recém-nascido aos cuidados de Rousseau? Por quê?

3.

O positivismo

Neste capítulo, esclareceremos como o positivismo surgiu no século XIX inspirado principalmente por dois fatores: o Iluminismo e a Revolução Industrial. Ao valorizarem igualmente a razão e o progresso da humanidade, os positivistas, de certa forma, preservavam o ideário iluminista de progresso contínuo da humanidade, com níveis cada vez mais altos de desenvolvimento social e cultural. A Revolução Industrial, por sua vez, propiciou a adoção de novas tecnologias (como a máquina a vapor), novos materiais (como o aço e o concreto armado) e novas formas de organização do trabalho, que aceleravam o ritmo de produção. Esse evento e suas respectivas inovações produziram um impacto profundo na mentalidade das pessoas da época. O ser humano se tornava "senhor da natureza", adaptando o mundo ao seu redor de acordo com suas necessidades. Nesse contexto, a ciência desempenhava um papel fundamental, pois foram os avanços científicos que tornaram possíveis o desenvolvimento da indústria e o consequente domínio da natureza.

3.1
As ideias de Auguste Comte e suas influências entre os brasileiros[1]

O francês Auguste Comte (1798-1857) marcou o início da filosofia positivista com seus escritos e foi um dos primeiros autores a pensarem a possibilidade e a pertinência de uma **ciência da sociedade**. Segundo esse filósofo, as sociedades humanas estão em um contínuo processo de evolução, que pressupõe necessariamente três estágios: **teológico**, **metafísico** e **positivo**.

Marcelo Lopes

Auguste Comte

No estado teológico, as pessoas buscam explicações sobrenaturais para os mistérios da natureza. A chuva, por exemplo, é explicada com base na ação de deuses ou divindades que fazem a água cair do céu. Ainda de acordo com Comte, com o passar do tempo, as explicações sobrenaturais são pouco a pouco abandonadas e cedem lugar às de caráter metafísico, as quais se fundamentam na natureza das coisas. Na visão do filósofo francês, porém, as explicações metafísicas constituem apenas jogos de palavras que não elucidam coisa alguma. Não obstante, elas são importantes porque servem como tentativas de superação das explicações míticas e preparam o caminho para o estado positivo, no qual as únicas

---

1 Esta seção foi elaborada com base em Comte (1978) e Silva (1982).

explicações válidas são as de caráter científico. Nesse caso, a chuva não mais está atrelada à ação de forças sobrenaturais ou a uma essência abstrata; agora é entendida como resultado da condensação de vapor-d'água presente na atmosfera.

Assim se refere Comte ao estágio positivo ou científico:

> *Enfim, no estado positivo, o espírito humano, reconhecendo a impossibilidade de obter noções absolutas, renuncia a procurar a origem e o destino do universo, a conhecer as causas íntimas dos fenômenos, para preocupar-se unicamente em descobrir, graças ao uso bem combinado do raciocínio e da observação, suas leis efetivas, a saber, suas relações invariáveis de sucessão e de similitude. A explicação dos fatos, reduzida então a seus termos reais, se resume de agora em diante na ligação estabelecida entre os diversos fenômenos particulares e alguns fatos gerais – cujo número o progresso da ciência tende cada vez mais a diminuir.* (Comte, 1978, p. 4)

Para Comte, a ciência objetiva estabelecer leis para os fenômenos observados, as quais permitem a previsão, que, por sua vez, norteia a ação. Analisemos como isso acontece, por exemplo, na construção de um prédio. O engenheiro conhece as leis da física, no caso, as referentes à resistência dos materiais. Pautando-se nelas, o profissional desenvolve um projeto, ou seja, uma previsão: usando tais materiais de determinada maneira, a construção se manterá firme. Com base nesse projeto, os construtores podem executar a ação, isto é, construir o prédio efetivamente.

Comte acredita que, assim como existem leis que regem os fenômenos da física, da química e da biologia, há aquelas que regem o comportamento do ser humano em sociedade. Por isso, o pensador afirma que a tarefa mais importante de seu tempo é a criação de uma ciência da sociedade, a sociologia. Certamente foi grande o impacto que essa ideia teve na época!

> No entendimento de Comte, a sociedade apresenta duas leis fundamentais: a estática social e a dinâmica social. De acordo com a lei da estática social, o desenvolvimento só pode ocorrer se a sociedade se organizar de modo a evitar o caos, a confusão. Uma vez organizada, porém, ela pode dar saltos qualitativos, e nisso consiste a dinâmica social. Essas duas leis são resumidas no lema "Ordem e progresso", que, não por acaso, figura na bandeira brasileira, pois muitos dos membros do movimento republicano no século XIX eram grandes admiradores de Auguste Comte. É interessante observar como a história do Brasil foi entremeada pela filosofia da educação. Não é fascinante?

No plano educacional, o positivismo valoriza a disciplina, pois existe a crença de que é fundamentada na "ordem" que a sociedade pode avançar rumo ao "progresso". Além disso, do mesmo modo que a humanidade passou pelos três estágios – religioso, metafísico e científico –, cada ser humano, ao longo de seu desenvolvimento, conhece essas três etapas. Assim, as crianças são mais inclinadas a explicações mítico-religiosas, envolvendo personagens como fadas; os adolescentes são mais questionadores e propensos à metafísica; já na idade adulta, quando se apresenta maduro, o ser humano busca explicações científicas para os problemas. Desse modo, a cada idade deve corresponder uma educação adequada. O ideal, nessa perspectiva, seria é formar o espírito científico nos jovens, a fim de superar a superstição e o irracionalismo ainda existentes na sociedade. Não é difícil notar que as ideias de Comte ainda estão vivas no presente.

O positivismo comteano teve um impacto profundo na sociedade brasileira, principalmente no meio estudantil.

Um dos mais importantes propagadores do positivismo foi **Benjamin Constant** (1836-1891), que atuou como professor na Escola Militar da Praia Vermelha, na Escola Politécnica, na Escola

Normal e na Escola Superior de Guerra, onde ensinava a filosofia positivista aos jovens oficiais do Exército. Foi um dos principais articuladores do movimento militar que culminou na Proclamação da República em 1889 e assumiu posteriormente o Ministério da Instrução Pública, Correios e Telégrafos no governo do Marechal Deodoro da Fonseca.

Por ocuparem cargos políticos importantes, os positivistas conseguiram implementar uma série de mudanças na educação brasileira, como a reorientação do ensino secundário no Distrito Federal (na época, a cidade do Rio de Janeiro) – afastado de um ensino preparatório para os estudos superiores, assumindo o caráter de uma formação mais ampla – e a introdução de disciplinas importantes para a filosofia positivista, como a sociologia, o direito pátrio e a economia política. Na prática, porém, a aplicação dos princípios positivistas revelou-se um tanto paradoxal, pois, para o próprio Comte, o estudo da sociologia deveria ser reservado aos adultos, e não aos adolescentes.

Outro aspecto importante do pensamento positivista brasileiro com relação à educação era a aversão às universidades. Embora os positivistas reconhecessem a relevância das instituições universitárias para o desenvolvimento científico, eles receavam que, mantidas pelo Estado, elas ficariam sob o controle do poder político. Nesse sentido, os pensadores positivistas brasileiros eram atuantes principalmente em faculdades e institutos isolados, como a Escola Politécnica e a Escola Militar do Rio de Janeiro ou a Faculdade de Direito do Recife, onde cultivavam uma mentalidade cientificista e anticlerical. Como consequência, a criação de universidades, que já existiam na América espanhola desde o século XVI, só teve início no Brasil a partir do século XX.

Um dos principais círculos de estudos positivistas foi a Escola de Recife, um movimento intelectual que se desenvolveu em torno da Faculdade de Direito do Recife. Inicialmente fundada em Olinda, em 1828, com forte influência católica, a faculdade foi transferida para Recife em 1854 e ali passou por profundas transformações, tomando feições laicas e republicanas. A criação da Faculdade de Direito respondia à necessidade de juristas brasileiros, uma vez que, antes da Independência, as leis impostas ao Brasil eram emitidas em Portugal e a formação jurídica era feita em Coimbra. O curso servia também como ambiente de convergência de filósofos, literatos, administradores e economistas. Diferentemente do curso de Direito do Largo de São Francisco, em São Paulo, que tendia para o liberalismo, a Faculdade de Direito do Recife era predominantemente positivista. Ali se destacaram pensadores como Tobias Barreto de Meneses (1839-1889) e Sílvio Romero (1851-1914). O primeiro empreendia uma crítica à religião e à metafísica combinando a doutrina de Auguste Comte à leitura de filósofos ingleses e alemães. O segundo, por sua vez, destacou-se como crítico literário; para ele, o estudo da literatura deveria levar em consideração os contextos históricos específicos em que as obras foram produzidas.

No Sul do Brasil predominou um positivismo dito *ortodoxo*, em sintonia com os últimos desdobramentos do pensamento de Comte, que, em seus últimos anos de vida, criou uma "religião da humanidade", na qual se cultuava a ciência em templos positivistas. Essa foi provavelmente uma tentativa de imitar a estrutura da Igreja Católica, que ele considerava muito eficiente do ponto de vista organizacional, embora discordasse de sua doutrina. Contudo, muitos de seus seguidores viam nessa iniciativa uma contradição, pois, se o estágio positivo ou científico significava uma superação do mito e da metafísica, nada mais incoerente do que fundar uma religião positivista. No Nordeste, desenvolveu-se uma corrente dita *heterodoxa*, que aceitava a doutrina que Comte havia elaborado em sua juventude, mas se recusava a aceitá-la como religião.

Entre os maiores expoentes do positivismo ortodoxo no Brasil, destacam-se Miguel Lemos (1854-1917) e Raimundo Teixeira Mendes (1855-1927). A princípio, Lemos seguia a orientação cientificista de Comte, no entanto, após uma viagem à França e graças ao contato com positivistas ortodoxos franceses, como Émile Littré (1801-1881) e Pierre Laffite (1823-1903), o estudioso carioca retornou ao seu país de origem e contribuiu para a transformação da Sociedade Positivista do Brasil e Apostolado em Igreja Positivista do Brasil. Teixeira Mendes, por sua vez, teve uma atuação importante no início do regime republicano brasileiro, em virtude de sua afinidade com Benjamin Constant. Entre outras realizações, Teixeira Mendes foi o idealizador da bandeira nacional, que substituiu a antiga bandeira do Império.

Você é adepto de alguma religião? Se sim, como se deu a influência do positivismo em sua crença religiosa? Faça uma pesquisa sobre esse assunto.

3.2
A contribuição de Herbert Spencer[2]

Como vimos na seção anterior, o pensamento de Auguste Comte encontrou diversos admiradores e seguidores não só na França, mas também em diversos outros países, inclusive no Brasil.

---

2 Esta seção foi elaborada com base em Spencer (1927) e Baiardi (2008).

Na Inglaterra, os principais pensadores influenciados pelo positivismo foram John Stuart Mill (1806-1873), Jeremy Bentham (1748-1832) e Herbert Spencer (1820-1903), filósofos da segunda metade do século XIX.

Herbert Spencer

Spencer, em particular, desenvolveu uma filosofia na qual integrou o otimismo cientificista e a noção de progresso de Comte com as teorias evolucionistas no campo da biologia, em especial a teoria da seleção natural, de Charles Darwin (1809-1882). O resultado disso foi a criação do **evolucionismo social**, uma nova teoria da sociedade. Em verdade, essa perspectiva já existia antes de Spencer, e é anterior até mesmo à hipótese do evolucionismo biológico; entretanto, o filósofo inglês renovou essa tradição intelectual ao incorporar o **princípio da seleção natural** às explicações sobre a mudança social. Você pode imaginar a originalidade que essa ideia tinha na época.

Já em seus primeiros escritos, Spencer revelou a preocupação em desenvolver uma filosofia capaz de integrar as teorias psicológicas de Stuart Mill, baseadas na associação de ideias, com os estudos de neurologia, especialmente aqueles que identificavam determinados processos mentais, como a lembrança ou o raciocínio em partes específicas do cérebro. Na obra *Princípios de psicologia*, por exemplo, Spencer argumenta que o estímulo intelectual provocado pela associação de ideias deixa marcas no cérebro humano, que podem passar de geração a geração, em um processo evolutivo.

O objetivo último de Spencer era produzir um **sistema de filosofia sintética**, isto é, um sistema de pensamento que explicasse, de forma coerente e integrada, todos os fenômenos – os de ordem física e os de ordem social ou mental. Nesse sentido, seu projeto foi inspirado na filosofia de Auguste Comte, que utiliza os mesmos pressupostos metodológicos tanto na interpretação da natureza quanto na da sociedade, isto é, a observação, a experimentação e o estabelecimento de leis gerais. O filósofo inglês, porém, é mais radical: mais do que uma unidade de método, a própria natureza dos fenômenos observados apresenta uma unidade intrínseca, tendo por base a lei mais fundamental de todas na concepção spenceriana: a **lei da evolução**. O princípio da evolução, de acordo com esse filósofo, é aplicável a áreas tão diversas quanto a biologia, a psicologia, a sociologia e a moral.

Você considera que Spencer foi ambicioso em seu sistema filosófico?

Embora a questão do evolucionismo estivesse no horizonte de preocupações de Spencer desde sua juventude, foi somente após a leitura dos escritos de Darwin que ele encontrou um verdadeiro princípio explicativo para o contínuo e permanente aprimoramento da humanidade: a teoria da seleção natural. Conforme o darwinismo, as espécies vegetais e animais sofrem pequenas mudanças genéticas de uma geração a outra. Se essas mudanças dão origem a seres mais bem adaptados ao meio, eles têm mais chances de sobrevivência. Se, ao contrário, essas alterações dificultam a adaptação ao meio, essas espécies são naturalmente eliminadas. Uma borboleta cinza, por exemplo, tem mais chances de sobrevivência em uma floresta cinza do que uma cor-de-rosa, pois aquela fica menos perceptível aos predadores.

Spencer vai além da biologia e afirma que também os indivíduos têm de estar em um contínuo processo de adaptação ao meio, de modo a garantir sua sobrevivência. Ao conceber a sociedade como um conjunto de indivíduos em luta pela sobrevivência, o filósofo chega a conclusões importantes sobre o papel da escola. Em primeiro lugar, ele valoriza mais as escolas particulares do que as públicas. Isso porque aquelas competem entre si pelos melhores alunos e professores, um esforço que lembra bastante a luta pela sobrevivência, que o pensador inglês concebe como a mola do progresso social. Além disso, o filósofo critica os métodos tradicionais de ensino, fundamentados na pura memorização de fórmulas prontas. O aprendizado, ao contrário, deve ser um processo espontâneo, prazeroso e que, em última análise, contribua para a integração do indivíduo em seu meio natural e social.

Spencer vê o progresso social como um processo contínuo no qual as sociedades simples gradualmente se tornam mais complexas. O auge desse desenvolvimento é a civilização ocidental. Em sua época, o estudioso se perguntava: "O que torna um indivíduo apto para sobreviver no meio social?". Para ele, a capacidade de colocação profissional na indústria, a atividade econômica que mais crescia em sua época, permite ao indivíduo obter mais chances de sustento e realização pessoal. Infelizmente, as escolas do século XIX, em geral, enfatizavam conhecimentos que, no entender de Spencer, são inúteis. Por que estudar, por exemplo, línguas mortas, como o grego ou o latim? Em que isso ajuda o indivíduo a se colocar profissionalmente na indústria? Desse modo, ao repensar o currículo escolar aplicando a ele novos critérios, o filósofo deu uma contribuição importantíssima para a história do pensamento pedagógico.

Para Spencer, a educação deve orientar-se pela seguinte questão: Quais conhecimentos vale mais a pena adquirir? No entender do pensador inglês, as cinco atividades humanas essenciais, em ordem de importância, são:

1. a autopreservação;
2. o desempenho de ocupações;
3. o cuidado com os filhos;
4. a participação política e social;
5. a recreação e o lazer.

Desse modo, segundo o autor, disciplinas escolares como Matemática, Química, Física e Biologia são imprescindíveis, pois fornecem um conhecimento sobre a natureza, o qual, por sua vez, permite o avanço da ciência e, consequentemente, o progresso da humanidade. Disciplinas como Educação Artística ou Literatura são menos importantes, uma vez que dizem respeito à última categoria de atividades essenciais, a da recreação e do lazer. O grego e o latim, por sua vez, são dispensáveis.

A versão particular de darwinismo social de Spencer influenciou inúmeros pensadores brasileiros, como **Euclides da Cunha** (1866-1909) e **Sílvio Romero** (1851-1914), para os quais as disputas entre os indivíduos e a necessidade de adaptação ao meio social e natural eram fatores que impulsionavam a evolução das sociedades. Spencer, porém, acreditava que o desenvolvimento das diversas sociedades seguia o mesmo padrão e que estas deveriam passar por todas as fases pelas quais havia passado a sociedade europeia, que, na visão spenceriana, era a mais avançada de todas. Cunha e Romero, ao contrário, valorizavam os aspectos particulares que distinguiam a cultura brasileira das demais e afirmavam que cada sociedade passa por um processo específico de evolução. De qualquer maneira, o pensamento pedagógico de Spencer ajudou a definir a formação do currículo escolar nos países de língua inglesa, principalmente nos Estados Unidos. Registramos, contudo, que, em outros países, sua influência não foi pequena. No Brasil, por exemplo, o ensino de ciências no ensino fundamental, que compreende os conteúdos de química, física e biologia, revela uma clara inspiração spenceriana. Além disso, a tendência tecnicista, muito forte na educação brasileira nas décadas de 1960 e 1970, também deve muito de seus pressupostos teóricos à filosofia do estudioso inglês.

> Você pode perceber, assim, como o estudo da história do pensamento filosófico é importante para compreendermos a educação no Brasil!

3.3
A influência do meio social em Émile Durkheim[3]

Émile Durkheim

Émile Durkheim (1858-1917), pensador do fim do século XIX e início do XX, foi fundador da escola francesa de sociologia e um dos precursores do pensamento sociológico moderno. Embora não seja conhecido especificamente como filósofo, mas como sociólogo, Durkheim é importante para a filosofia por ser o principal representante da **corrente funcionalista**, um desdobramento moderno do

---

[3] Esta seção foi elaborada com base em Durkheim (1978, 1995).

positivismo. Apresentamos, a seguir, algumas de suas principais ideias pedagógicas.

Segundo Durkheim, os fatos sociais devem ser estudados como coisas. Em outras palavras, o pesquisador deve colocar de lado seus preconceitos e estudar os fenômenos ocorridos nas sociedades humanas semelhantemente ao modo como analisa um fenômeno da física e da biologia.

O estudioso francês argumenta que, embora a sociedade seja formada pelos indivíduos, ela é algo mais do que a soma destes. Assim como em um ser vivo, cada órgão cumpre uma função sem se confundir com a totalidade do organismo; o comportamento e a personalidade do indivíduo não se confundem com o comportamento e a personalidade do grupo social a que esse sujeito pertence.

Outro importante princípio da teoria de Durkheim é o de que os conhecimentos, as crenças, os hábitos, os valores, as normas, tudo vem do exterior, isto é, do meio em que o indivíduo vive. Mesmo que um indivíduo cultive profundas convicções, como o apoio a determinado partido político, o repúdio ao aborto ou a aceitação de determinada doutrina religiosa, não é recomendável esquecer que essas convicções não são inatas, mas aprendidas pelo indivíduo na interação com o meio. Assim, o sociólogo dedica muita atenção à educação, pois é por meio dela que os conhecimentos, os valores e as normas de uma sociedade são inculcados nos indivíduos.

Procure se certificar de que entende bem essas questões preliminares antes de avançar nesta leitura, pois deste ponto em diante é que as teorias pedagógicas de Durkheim se tornam mais explícitas!

No texto intitulado *O que é a educação,* Durkheim faz uma crítica severa às concepções de educação desenvolvidas ao longo da história da filosofia. Isso porque praticamente a totalidade dos filósofos define *educação* como o conjunto de experiências de um indivíduo ao longo de sua vida. Segundo o pensador francês, tal concepção é esvaziada de especificidade, pois nessa perspectiva praticamente tudo na vida de um indivíduo é considerado parte do processo de educação. Dessa forma, nas palavras de Durkheim (1978, p. 41):

> *A educação é a ação exercida pelas gerações adultas sobre as gerações que não se encontram ainda preparadas para a vida social; tem por objeto suscitar e desenvolver na criança certo número de estados físicos, intelectuais e morais, reclamados pela sociedade política no seu conjunto e pelo meio especial a que a criança particularmente se destine.*

Nesse sentido, a relação entre professor e aluno ou a relação entre pais e filhos são exemplos de atividade educacional, ao passo que uma descoberta espontânea, mesmo envolvendo aquisição de conhecimento, não é, em si mesma, parte do processo de educação.

As teorias pedagógicas de Durkheim estão intimamente associadas a uma concepção que atribui a primazia ao social em detrimento do individual. Um dos estudos mais importantes do sociólogo e que serve de exemplo toma como base algo aparentemente individual: o suicídio. Haveria algo tão íntimo, tão próprio do indivíduo, quanto a decisão de tirar a própria vida? Contudo, segundo esse autor, mesmo esse ato essencialmente individual é, em grande medida, determinado pela sociedade. Em suas pesquisas, o pensador percebe que a taxa de suicídios é maior nas sociedades em que existe menor coesão social. Fundamentando-se nessa constatação, o pensador deduz que a integração do indivíduo ao meio o protege em certa medida contra as crises existenciais que geralmente levam as pessoas a tirar a própria vida. É importante notar que Durkheim não estava interessado em investigar as motivações pessoais para se cometer tal ato. Ao contrário, suas pesquisas se limitavam a indicar até que ponto o meio social pode influenciar esse tipo de decisão.

A obra desse filósofo foi escrita em uma perspectiva funcionalista, que enfatiza os mecanismos pelos quais a sociedade busca superar os conflitos e atingir a integração social. Por causa disso, Durkheim muitas vezes é considerado um intelectual conservador, principalmente em contraste com Marx e Engels, que ressaltam o papel do conflito nas transformações sociais. Entretanto, é evidente também um pensamento de caráter bastante humanista nesse autor. Para o estudioso francês, uma compreensão científica da sociedade permite melhorá-la. Além disso, Durkheim exerceu uma importante liderança intelectual em seu tempo e, com suas ideias, influenciou profundamente gerações de sociólogos.

> Você deve ter em mente, no entanto, que, apesar de se situar no âmbito da sociologia, o pensamento de Durkheim tem um embasamento filosófico importante. Você conseguiu perceber isso durante a leitura?

3.4
Apreciação crítica sobre o positivismo

O positivismo e o funcionalismo foram e ainda são correntes filosóficas imensamente influentes nas teorias e práticas educacionais. A valorização do conhecimento científico e suas consequentes implicações para o currículo são talvez os mais importantes legados positivistas para a educação escolar. Até meados do século XIX, o ensino privilegiava os conteúdos de caráter humanístico, dando continuidade a um modelo herdado do Renascimento, mas que, no auge da Revolução Industrial, era simplesmente um modelo ultrapassado. A ênfase na ciência contribuiu para o aprimoramento profissional dos alunos, para uma melhor preparação para as carreiras nas ciências exatas e da saúde (engenharia, medicina etc.) e para o avanço da indústria de modo geral.

Todavia, atualmente é possível perceber com mais clareza não só o legado, mas também as limitações da abordagem positivista. Ao ressaltarem a importância da ciência, os positivistas muitas vezes foram longe demais, desprezando a contribuição das humanidades, descartadas por serem consideradas anticientíficas ou pré-científicas. A pedagogia tecnicista, por exemplo, que tem inspiração positivista, produziu efeitos terríveis na educação brasileira, como atesta Sérgio Paulo Rouanet (1987, p. 306):

> *A filosofia e o latim foram suprimidos dos currículos. A história deixou de ser lecionada como disciplina autônoma. O português, reduto dos gramáticos que desprezávamos, mudou tanto, que até mudou de nome – passou a chamar-se comunicação e expressão. Em compensação aumentou assustadoramente o número de vagas nas disciplinas certas, as que convêm a um país em desenvolvimento: química, engenharia, eletrônica, informática.*
>
> *Em suma, nosso país se modernizara. Tudo como queríamos. Só que nossos sonhos, realizados, viraram pesadelos. O país não era mais a pátria dos bacharéis, mas tinha se convertido na terra-de-ninguém dos zumbis competentes e dos doutores lobotomizados. O Brasil inteiro fazia vestibular com testes de múltipla escolha, gostava de futebol, jogava na loteria esportiva, torcia por Fittipaldi e vivia mergulhado, beatificamente, numa ignorância enciclopédica. Antes de 1964,*

tínhamos grandes massas iletradas, e uma oligarquia pelo menos superficialmente culta; desde então reinou a grande democracia do analfabetismo universal.

Outro problema do positivismo é seu caráter conservador. Para Comte e Spencer, é importante impor a disciplina aos alunos, uma vez que a ordem é precondição para o progresso. Do mesmo modo, para Durkheim, a ênfase recai sobre a **funcionalidade do sistema social**, e qualquer conflito é visto como indesejável ou até mesmo patológico. Como consequência disso, a abordagem positivista favorece as ambições das camadas dominantes, interessadas na ordem e na ausência de conflito como forma de manter a dominação sobre as classes subalternas.

Mas, afinal, se o pensamento de Durkheim é ideologicamente comprometido, vale a pena você se preocupar com ele? É claro que sim! Procure entender que a importância de um autor se dá mais em termos das influências que exerceu do que das críticas que podem ser feitas à sua obra no presente. Debata essa questão com seus colegas!

Síntese

O positivismo surgiu na primeira metade do século XIX e propunha a aplicação do método das ciências naturais – observação, experimentação e inferência – no estudo das sociedades humanas. O pioneiro dessa corrente filosófica foi Auguste Comte, que entendia a sociedade como o resultado de um processo evolutivo, constituído necessariamente por três estágios – o religioso, o metafísico e o positivo –, e da combinação de duas leis, a estática social e a dinâmica social.

O pensamento de Comte foi e continua sendo muito influente no Brasil, tanto em sua vertente ortodoxa, que propõe uma "religião da humanidade", quanto em sua vertente heterodoxa, que repudia os últimos escritos de Comte, atendo-se à ideia de que a ciência ultrapassa e exclui a religião.

Outro pensador positivista importante foi Herbert Spencer. Assim como em Comte, a ciência em Spencer também deve seguir uma orientação empirista. Entretanto, para este segundo autor, os resultados obtidos pelo cientista não podem ter validade universal absoluta, uma vez que advêm de experiências particulares. No campo pedagógico, Spencer propõe um currículo escolar diferenciado, enfatizando as disciplinas mais diretamente significativas para a atividade industrial, como Matemática ou Física, em detrimento de disciplinas de caráter humanístico, como o Grego ou o Latim.

O pensamento positivista de Comte e de Spencer exerceu influência profunda no meio militar e, por consequência, no início do regime republicano no Brasil. Um dos expoentes do positivismo comteano dessa época foi Benjamin Constant, que assumiu o Ministério da Instrução Pública, Correios e Telégrafos durante o governo do Marechal Deodoro da Fonseca. O pensamento pedagógico do século XIX também foi influenciado por essa corrente filosófica, que repercutiu até a segunda metade do século XX, servindo de inspiração à corrente tecnicista que vigorou durante a ditadura civil-militar brasileira, entre 1964 e 1986.

No campo da sociologia, o positivismo influenciou ainda o pensamento de Émile Durkheim. Para ele, o papel da educação é o de garantir a integração do indivíduo ao meio social. Nesse sentido,

Durkheim apresenta um pensamento de caráter conservador, pois vê o conflito como uma patologia social.

Indicações culturais

Filmes

> MEMÓRIAS póstumas. Direção: André Klotzel. Brasil: Lumière; Europa Filmes, 2001. 102 min.

Inspirado no livro *Memórias póstumas de Brás Cubas*, esse interessante filme apresenta um personagem defensor do positivismo: Quincas Borba defende um sistema por ele chamado de *humanitismo*. Na verdade, essa produção constitui uma caricatura das tendências intelectuais em voga no Brasil no século XIX.

Artigos

> LACERDA, G. B. de. Augusto Comte e o "positivismo" redescobertos. **Revista de Sociologia e Política**, Curitiba, v. 17, n. 34, out. 2009. Disponível em: <http://www.scielo.br/scielo.php?script=sci_arttext&pid=S0104-44782009000300021>. Acesso em: 3 mar. 2017.

Nesse artigo, o autor comenta as contribuições da obra de Auguste Comte para a reflexão política e social contemporânea.

> SANTOS, R. M. de S. dos; SANTOS, J. O. dos. O positivismo e sua influência no Brasil. **Revista Brasileira de Filosofia e História**, v. 1, n. 1, p. 55-59, 2012. Disponível em: <http://www.gvaa.com.br/revista/index.php/RBFH/article/view/2482/1938>. Acesso em: 3 mar. 2017.

Os autores tratam das influências do positivismo no contexto brasileiro e analisam os desdobramentos práticos dos pensamentos difundidos por essa corrente filosófica.

Atividades de autoavaliação

1. Assinale V nas afirmações verdadeiras e F nas falsas:

   ( ) As transformações ocasionadas pela Revolução Industrial influenciaram decisivamente o pensamento positivista.

   ( ) Para Comte, as sociedades humanas passam por três estágios: o religioso, o metafísico e o positivo.

   ( ) Segundo a filosofia comteana, a educação tem de promover a ordem para que seja possível o progresso social.

   ( ) Não obstante sua influência na Europa, o positivismo foi e continua sendo praticamente desconhecido no Brasil.

   Marque a alternativa que indica a sequência correta:
   a) V, V, V, F.
   b) V, F, F, F.
   c) F, F, V. V.
   d) V, V, V, V.

2. Leia atentamente as proposições a seguir:

   I. Herbert Spencer é um positivista inglês que integra o otimismo cientificista e a noção de progresso de Auguste Comte com as teorias evolucionistas no campo da biologia.

   II. O evolucionismo social é um conceito absolutamente original de Spencer.

   III. Para Spencer, as escolas públicas são melhores que as particulares, pois a competição entre elas leva à mútua autodestruição.

   IV. Um aspecto importante do pensamento de Spencer é seu interesse pelos estímulos intelectuais que deixam marcas no cérebro e seu papel na aquisição de conhecimento.

Estão corretas apenas as afirmativas:

a) II e III.
b) II e IV.
c) I e III.
d) I e IV.

3. Considerando a filosofia da educação de Auguste Comte, assinale a alternativa correta:

   a) Para Comte, o estado metafísico corresponde ao grau máximo de desenvolvimento de uma sociedade.
   b) Comte relega as leis científicas a um segundo plano, argumentando que são desnecessárias para a previsão dos fenômenos.
   c) De acordo com a lei comteana da estática social, o desenvolvimento só pode ocorrer se a sociedade se organizar de modo a evitar o caos, a confusão.
   d) Para Comte, é preciso formar o espírito religioso nos jovens, a fim de superar o cientificismo e o racionalismo ainda presentes na sociedade.

4. A respeito da filosofia da educação de Herbert Spencer, assinale a afirmativa **incorreta**:

   a) Na obra *Princípios de psicologia*, Spencer argumenta que o estímulo intelectual provocado pela associação de ideias deixa marcas no cérebro humano, que podem passar de geração a geração, em um processo evolutivo.
   b) O princípio da evolução, de acordo com Spencer, é aplicável à biologia, mas não a áreas tão diversas quanto a psicologia, a sociologia e a moral.
   c) Spencer valoriza as escolas particulares e menospreza as públicas.

d) Spencer vê o progresso social como um processo contínuo no qual as sociedades simples vão pouco a pouco se tornando mais complexas.

5. Leia o excerto a seguir e assinale a alternativa correta:

> Todo o pensamento de Comte roda, pois, em volta desta ideia de ordem que é a matriz de todos os temas filosóficos [...]. Apercebemo-nos de que esta ideia de ordem é interpretada segundo uma visão conservadora onde a ordem é um quadro esclerosado, simultaneamente estrutura mental e tipo de organização, oscilando entre a categoria intelectual e lei das coisas. Na política positiva ele põe os pontos nos ii: "Basta comparar as duas acepções da palavra 'ordem', que significa sempre, ao mesmo tempo, mandamento e arrumação". A ordem é concebida de maneira rígida e coisificada, como o encaixar das peças num mecanismo. Estamos longe da ordem cartesiana como lei da atividade intelectual, resultado da operação de análise e síntese. A ideia de ordem está ligada à ideia de hierarquia como sistema de subordinação rígida da parte ao todo, do inferior ao superior, do processo ao resultado, e isso dá a chave da famosa palavra de ordem: pelo progresso para a ordem. Pouco a pouco Comte deriva da ideia de ordem "natural", cara ao século VIII para a ideia de ordem como tipo abstrato do pensamento especulativo ou, pior, como modelo coisista imposto de fora. (Vedernal, 1995, p. 89-90)

a) Para Vedernal, a filosofia de Comte assume um caráter conservador, o que fica evidenciado pelo modo como este entende o conceito de *ordem*.

b) Comte, na interpretação de Vedernal, assume de modo não questionado o conceito de *ordem* tal como originalmente proposto no século VIII.

c) Segundo Vedernal, há um parentesco direto entre a filosofia de Comte e a de Descartes, pois em ambos se evidencia um viés irracionalista.

d) De acordo com Vedernal, o conceito de *ordem* em Comte implica a aceitação de uma inversão de hierarquias tradicionalmente estabelecidas.

6. Considerando a influência do positivismo no Brasil, assinale a alternativa correta:

   a) Um dos mais importantes impulsionadores do positivismo no Brasil foi Benjamin Constant, que se tornou ministro da Instrução Pública, Correios e Telégrafos durante a presidência do Marechal Deodoro da Fonseca.

   b) No Brasil, os positivistas assumiram um posicionamento francamente favorável à criação de universidades, pois para eles o desenvolvimento científico deveria ser subordinado ao Estado.

   c) Expoentes da escola de Recife, como Tobias Barreto e Sílvio Romero, eram claramente antipositivistas e ardorosos defensores da religião e da metafísica.

   d) A influência das ideias de Herbert Spencer sobre pensadores brasileiros como Euclides da Cunha e Sílvio Romero era absoluta, uma vez que estes não souberam relacionar o spencerianismo à realidade brasileira.

Atividades de aprendizagem
Questões para reflexão

1. Explique de que modo o Iluminismo e a Revolução Industrial influenciaram o pensamento positivista.

2. Compare o pensamento de Auguste Comte com o de Herbert Spencer e indique semelhanças e diferenças.

3. Por que o legado de Auguste Comte é tão controverso, especialmente no Brasil? Por que seus seguidores frequentemente discordam entre si?

Atividade aplicada: prática

Entreviste cinco pessoas, preferencialmente de idades e/ou níveis de escolaridade diferentes, e faça a seguinte pergunta: "O que é ciência e qual é sua importância?". Anote as respostas e elabore um texto em que você relacione as opiniões dos entrevistados com a concepção positivista de ciência.

4.

O materialismo dialético

Provavelmente você já ouviu falar em *socialismo, comunismo* e tendências políticas afins. É importante que você tenha em mente que esses posicionamentos políticos não se limitam a manifestações práticas; pelo contrário, contam com um embasamento filosófico bastante denso e, mais do que isso, têm consequências pedagógicas significativas.

No século XIX, a filosofia alemã era dominada pelo idealismo, que afirmava que a realidade primordial é o pensamento e que tudo o mais é dele derivado. O filósofo idealista mais influente dessa época foi Friedrich Hegel (1770-1831), que, ao declarar "Todo racional é real, todo real é racional", indica claramente a identificação da realidade com o pensamento. O filósofo alemão utilizava um método de análise que ele chamou de *dialética*, no qual o movimento do pensamento é concebido com base no choque de ideias contraditórias. Para Hegel (1992a, 1992b), como o pensamento e a realidade são a mesma coisa, a dialética é mais que um método: ela representa a lógica inerente ao processo histórico.

Foi nesse contexto intelectual que emergiu a filosofia de Karl Marx (1818-1883) e Friedrich Engels (1820-1895). De acordo com eles, Hegel está correto em interpretar a realidade dialeticamente, mas incorre em erro ao adotar uma filosofia idealista. Para Marx e Engels, a realidade primordial é a matéria, sendo o pensamento uma consequência dela. Com base nesses pressupostos, eles desenvolveram um sistema filosófico que mais tarde foi chamado de *materialismo dialético*. Na sequência, detalharemos em que esse sistema consiste.

Karl Marx

4.1
Karl Marx e Friedrich Engels[1]

Marcelo Lopes

Friedrich Engels

Na passagem do século XVIII para o XIX, ocorreu uma série de transformações sociais, econômicas e tecnológicas chamada de *Revolução Industrial*. Esse momento de transição foi marcado pelo surgimento de novos materiais (aço, vidro, concreto armado) e de novas formas de energia (principalmente a máquina a vapor) e pela generalização do trabalho assalariado. Para a maioria das pessoas, hoje, esses materiais fazem parte do dia a dia, mas é importante tentar imaginar quão inovadores eles foram no século XIX!

Se, por um lado, a Revolução Industrial fez aumentar imensamente a produção de riquezas, de outro, a desigualdade social se intensificou. A situação era verdadeiramente dramática: baixos salários, longas jornadas de trabalho, ambientes insalubres, trabalho infantil etc. Diante dessa situação, diversos pensadores, referidos como *socialistas*, buscavam encontrar soluções para melhorar as condições de vida e trabalho das classes menos favorecidas. Muitos deles apelavam para a sensibilidade das camadas mais abastadas ou dos governantes, enquanto outros se limitavam a imaginar projetos de uma sociedade perfeita sem se preocuparem seriamente com os meios para implementá-los.

---

1 Os conceitos apresentados nesta seção foram baseados em Marx e Engels (1989).

Para Marx e Engels, os planos de socialistas que buscavam meios pacíficos para a transformação da sociedade não passavam de utopias. Segundo eles, a história humana sempre foi forjada pela luta de classes: na Antiguidade, entre patrícios e escravos; na Idade Média, entre senhores e servos; e, na Modernidade, entre capitalistas e trabalhadores assalariados. Os primeiros eram os detentores de capital, isto é, de dinheiro e itens que podem converter-se em dinheiro, como equipamentos e títulos de propriedade. Os segundos, também chamados *proletários*, desprovidos de capital, obrigavam-se a vender sua força de trabalho em troca de salários para poder garantir sua sobrevivência.

Para os pensadores alemães citados, a contínua exploração do trabalho assalariado desencadearia uma crise econômica sem precedentes. Quando isso acontecesse, ocorreria necessariamente uma revolução proletária, que substituiria o governo tradicional, instrumento da classe dominante, por um governo proletário. Todavia, progressivamente, esse sistema também desapareceria, dando origem a um novo tipo de sociedade, na qual todos seriam livres e não haveria mais distinções de classe.

A base do pensamento de Marx e Engels é a dialética, uma lógica segundo a qual o pensamento e a realidade se movem por tríades formadas por tese, antítese e síntese.

> A tese equivale à afirmação do ser; a antítese é a negação da tese. Da oposição entre tese e antítese surge a síntese, uma negação da negação, que torna possível a superação da oposição. A síntese, porém, é ela própria uma afirmação, o que pressupõe a possibilidade de sua negação, dando origem, portanto, a uma nova tríade.

Ao pensarem a realidade histórica e material de forma dialética, os dois teóricos alemães enfatizam o papel do conflito nas transformações sociais. Por isso, muitos autores se referem ao marxismo como *materialismo histórico* ou *materialismo dialético*.

Segundo a interpretação de Marx e Engels, a classe dominante, com o objetivo de diminuir o potencial revolucionário das classes trabalhadoras, desenvolve as ideologias – conjuntos de conhecimentos, crenças e valores criados pelos grupos abastados, mas assimilados pela classe dominada. O papel dessas ideologias é justificar as relações de poder existentes na sociedade, e a sua aceitação irrefletida leva a classe trabalhadora a um fenômeno chamado *alienação*, no qual a produção é distanciada do alcance e do interesse do trabalhador para se transformar em mercadoria. Nesse processo, o ser humano deixa de ser considerado pessoa e passa a ser tratado como coisa.

> A proposta marxista para a transformação da sociedade é essencialmente humanista: trata-se de promover a formação de uma consciência crítica na classe proletária para que esta possa libertar-se da alienação e emancipar-se econômica e socialmente. A vertente marxista procura, portanto, estudar a sociedade para identificar suas contradições e, com base nelas, vislumbrar possibilidades de transformação social e melhoria das condições de vida e trabalho do proletariado.

Apesar de Marx e Engels serem autores difíceis de classificar – são, ao mesmo tempo, filósofos, historiadores, economistas, pensadores sociais etc. –, sua contribuição para a filosofia da educação é inestimável.

Para explicarmos melhor a proposta pedagógica de Marx, devemos ressaltar que a ideologia, embora consista de elementos imateriais – ideias, crenças, valores etc. –, tem origem nas relações concretas que os seres humanos estabelecem entre si para prover sua subsistência material. O principal problema é que a sociedade estabelece dicotomias, como trabalho e fruição, produção e consumo, nas quais quem produz – a classe trabalhadora – geralmente não usufrui da totalidade do resultado de seu trabalho, enquanto os maiores consumidores – os capitalistas – logram os frutos do trabalho de outros. Para superar a alienação, portanto, é necessário reintegrar esses dois mundos, o espiritual e o material, as ideias e as coisas.

No materialismo histórico, a sociedade é dividida entre aqueles que pensam e aqueles que executam: o engenheiro pensa a obra, o pedreiro assenta os tijolos; o projetista pensa um novo modelo de máquina, o trabalhador na linha de montagem aperta parafusos. Para os filósofos alemães, ao contrário, o ideal é que todos sejam capazes de realizar ambas as atividades: pensamento e execução. Assim, a educação não pode desvincular-se do trabalho.

Com base nesses pressupostos, Marx e Engels empreenderam uma dura crítica à educação escolar de seu tempo. Para eles, a escola serve aos propósitos mesquinhos da classe capitalista, pois pode ser comparada a uma empresa, na qual o professor assume o papel de trabalhador assalariado, cujo produto – a instrução de crianças e jovens – visa formar mão de obra para o trabalho alienante da indústria. O projeto marxista concebe o trabalho como princípio educativo para superar a alienação, o que Marx (2002, p. 68) assim esclarece:

> *Nós consideramos a tendência de a indústria moderna fazer as crianças de ambos os sexos cooperar no grande trabalho da produção social, como tendência progressista, sadia e legítima. Em uma sociedade organizada racionalmente toda e qualquer criança, da idade de nove anos em diante, deve se*

tornar um trabalhador produtivo do mesmo modo que nenhum adulto sadio deverá ser eximido da lei geral da natureza, isto é, deve trabalhar para merecer comer, e trabalhar não apenas com o cérebro, mas também com as mãos.

Colocado desse modo, você, leitor, pode ser levado a acreditar que Marx defende o trabalho infantil, o que não é de todo incorreto; porém, devemos alertar, não se deve esquecer o contexto social e econômico em que o pensador viveu. As famílias dos trabalhadores das fábricas eram muito pobres, condição que exigia que não apenas os adultos, mas também as crianças trabalhassem na indústria, o que comprometia sua educação escolar. A situação das crianças que trabalhavam em minas de carvão era ainda pior, pois, ao árduo trabalho, aos baixos salários e à longa jornada de trabalho somava-se um altíssimo grau de insalubridade, que acarretava irreparáveis danos à sua saúde. Eis o registro do autor sobre essa situação:

> *Muitos rapazes que frequentaram a escola durante as 150 horas prescritas, encontram-se exatamente no mesmo estado, ao cabo de 6 meses da sua estadia na fábrica, do que no ponto de partida; esqueceram naturalmente tudo o que tinham aprendido antes. Noutras empresas de estampagem sobre algodão, a frequência da escola depende totalmente das exigências do trabalho na empresa. O número de horas obrigatórias é aí satisfeito em cada período de 6 meses por prestações de 3 a 4 horas de cada vez, disseminadas por todo o semestre. A criança, por exemplo, vai à escola um dia das 8 às 11 da manhã, outro dia da 1 às 4 da tarde, depois durante toda uma série de dias para aí voltar em seguida das 3 às 6 horas da tarde durante 3 ou 4 dias seguidos ou durante uma semana. Desaparece de novo três semanas ou um mês, depois volta durante algumas horas em certos dias de folga, quando por acaso o patrão não precisa dela. A criança passa assim da escola para a fábrica e da fábrica para a escola, até que se atinja o total das 150 horas.* (Marx, 2002, p. 68)

É importante observar que Marx não condenava o trabalho de jovens, mas o fato de isso impedir que eles tivessem um aprendizado adequado na escola. O mundo do trabalho não deveria ser alheio à aprendizagem escolar, pois a execução de determinada atividade profissional também pressupõe uma forma de aprendizagem. Afinal, não é esse o objetivo dos programas de estágio que existem ainda hoje nos cursos profissionalizantes e programas de graduação? O que Marx enfatizava é a lenta progressão da carga horária: a criança deve dedicar no máximo uma ou duas horas de seu dia a atividades produtivas e, à medida que ela cresce, essa carga horária é ampliada, mas sem comprometer os demais aspectos de sua formação. Quando chega à idade adulta, a inserção no mercado de trabalho é algo natural.

> Tendo em vista as teorias de Marx e Engels, reflita: O que elas têm de atual? Como podem ajudar a pensar os problemas pedagógicos hoje? A sociedade de fato mudou muito desde a época desses teóricos, mas a lógica do sistema capitalista continua praticamente a mesma. O que você pensa a esse respeito?

4.2
O legado de Marx e Engels[2]

Karl Marx e Friedrich Engels foram dois filósofos profundamente engajados nas questões sociais e econômicas de sua época, escrevendo com paixão, mas nem sempre de modo absolutamente coerente. Em suas obras, o termo *ideologia*, por exemplo, às vezes assume uma conotação negativa, referindo-se a uma visão distorcida da realidade como forma de justificar uma relação

---

2 Os conceitos apresentados nesta seção foram baseados em Althusser (1985) e Saviani (1983).

de poder, e em outras passagens é entendido de forma positiva, como visão de mundo, quando se trata da ideologia da classe trabalhadora. Ambos defendem uma interpretação dialética da realidade social, mas, em alguns aspectos, o pensamento deles é francamente dogmático e, portanto, antidialético.

Na medida em que o marxismo se firmou como uma das mais ricas e importantes tradições intelectuais do Ocidente, as ambivalências presentes nos textos de Marx e Engels se tornaram motivo de acirrados debates. Seus herdeiros intelectuais frequentemente discordam sobre questões importantes do pensamento marxista e, nesse sentido, cada um disputa sua "correta" interpretação. Trata-se de um debate extremamente complexo; por isso, citaremos apenas algumas questões cruciais, especialmente as que dizem respeito à filosofia da educação.

De acordo com Hobsbawn (1998), após a vitória do partido bolchevique na Rússia, em 1917 e a formação do bloco soviético alguns anos mais tarde, a interpretação do marxismo veiculada pelo Partido Comunista Soviético se tornou a versão dita *oficial* e relativamente pouco questionada do pensamento de Marx e Engels. De acordo com essa versão, a base econômica é determinante de todas as outras instâncias da sociedade, como a política, a cultura e a educação. Assim, o indivíduo se apaga, pois o que realmente importa não é o trabalhador em sua individualidade, mas a classe trabalhadora como categoria social.

Contudo, após o XX Congresso do Partido Comunista da União das Repúblicas Socialistas Soviéticas (URSS), em 1956, que revelou ao mundo os crimes cometidos durante o regime stalinista, e após a sangrenta invasão da Hungria, no mesmo ano, muitos intelectuais de esquerda ficaram desiludidos com o marxismo soviético. Grande parte desses intelectuais, motivados pela publicação de diversos textos da juventude de Marx, havia desenvolvido uma interpretação de caráter humanista do pensamento marxista (Hobsbawn, 1998).

De modo geral, o jovem Marx via no trabalhador um agente de transformação da sociedade, de superação dos diversos tipos de alienação e artífice de sua própria libertação. Já nos textos da maturidade, Marx se interessava, sobretudo, pelo **processo histórico** e visava compreendê-lo e com ele colaborar. De acordo com Marx (citado por Tucker, 1978, p. 595, tradução nossa):

> Os homens fazem sua própria História, mas não a fazem como bem querem, eles não a fazem sob circunstâncias escolhidas por eles mesmos, mas sim sob circunstâncias dadas e transmitidas diretamente do passado. A tradição de todas as gerações mortas recai como um pesadelo no cérebro dos vivos.

Em outras palavras, a história seria um processo com leis próprias e relativamente autônomas em relação à iniciativa individual dos agentes históricos. Como você pode imaginar, essa concepção tem diversas consequências práticas!

Discernimos basicamente duas grandes linhas no pensamento marxista ocidental contemporâneo: a primeira delas é formada por intelectuais como **Edward Thompson** (1924-1993), que buscavam uma reinterpretação da concepção teórica marxista à luz dos textos escritos por Marx em sua juventude. Nessa perspectiva, a ênfase dada posteriormente por esse autor às questões econômicas é um desdobramento natural de seu sistema filosófico, sem romper, contudo, com seu caráter humanista. A segunda linha é representada por filósofos que identificam um corte epistemológico entre os textos da juventude e os da maturidade de Marx. Conforme essa interpretação, o pensamento de Marx e Engels sofreu uma reorientação radical, passando de uma ideologia humanista para uma ciência do socialismo.

A segunda linha, pretensamente científica e francamente anti-humanista, é representada principalmente pelo marxista francês **Louis Althusser** (1918-1990). Considerado anti-humanista porque relega a um mínimo o papel dos sujeitos individuais no processo histórico, seu posicionamento parece semelhante ao do marxismo leninista-stalinista, também conhecido como *marxismo vulgar*, que parte de uma concepção cartesiana e mecanicista de causalidade histórica; eis aí a razão de a metáfora "base-superestrutura" ser-lhe tão adequada. Althusser também admite a relação base-superestrutura, mas, em vez de afirmar simplesmente que a primeira é causa da segunda, ele aperfeiçoa a tese de uma causalidade estrutural (Althusser; Balibar; Establet, 1980).

De maneira simples, isso significa que a sociedade é concebida como uma série de conjuntos interligados – economia, ideologia e política –, na qual cada elemento é causa dos demais e, ao mesmo tempo, efeito do conjunto.

> No campo da educação, a contribuição mais importante de Althusser é o conceito de aparatos ideológicos do Estado. Para esse autor, o Estado é formado por várias instituições, como a administração pública, o exército, a polícia, os tribunais, as prisões etc., que exercem um controle coercitivo na sociedade. Todavia, existe outro conjunto de instituições, não necessariamente públicas ou diretamente subordinadas ao aparelho estatal, que exercem uma segunda forma de controle, de natureza ideológica. Essas instituições são as igrejas, a família, os sindicatos, a mídia, a literatura, as artes e, é claro, a escola.

Em uma perspectiva althusseriana, a educação em geral e a escola em particular são veículos de transmissão da ideologia dominante, cujo principal objetivo é manter o controle social nas mãos da classe burguesa. Em virtude disso, a filosofia de Althusser serve de inspiração a uma corrente pedagógica chamada **crítico-reprodutivista**. Essa corrente é crítica porque denuncia o caráter ideológico da educação escolar, que é entendida como instrumento da classe dominante para a reprodução das condições sociais e econômicas vigentes, que permitem a dominação de classe. Desse modo, em um processo revolucionário, a eliminação da educação escolar é condição necessária para a emancipação da classe trabalhadora.

Contrapondo-se ao caráter pessimista da pedagogia crítico-reprodutivista, existe outra corrente de inspiração marxista, que, embora admita que a escola historicamente tenha sido usada como instrumento para inculcar a ideologia nas gerações mais jovens, afirma que a escola pode e deve se transformar no seu oposto: um local de formação da consciência crítica. Entre outras denominações, essa corrente ficou inegavelmente conhecida como **pedagogia histórico-crítica**. É também bastante comum associá-la a Dermeval Saviani (1943-), teórico brasileiro da educação. Esse autor busca uma superação da pedagogia tradicional e da Escola Nova, as quais ele caracteriza como *não críticas*, por se basearem numa perspectiva ideologizante: aristocrática no primeiro caso e burguesa no segundo (Saviani, 1983). Uma pedagogia crítica, isto é, uma prática educativa que leve a uma tomada de consciência da dominação de classe e que forneça subsídios para uma ação social transformadora, deve ir além de uma mera crítica do papel ideológico da escola, sugerindo alternativas para que a escola também se transforme e assuma um novo papel.

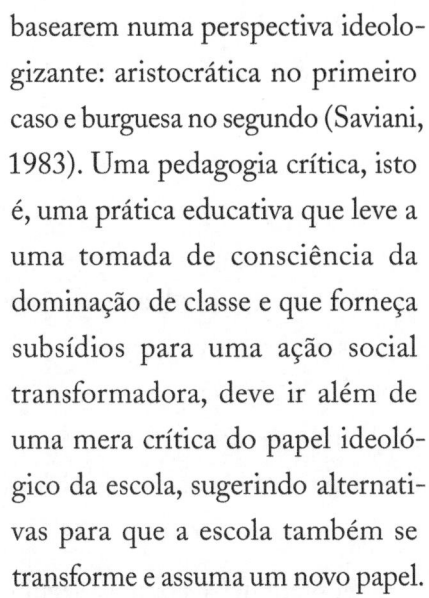

Na verdade, a pedagogia histórico-crítica não é uma invenção absolutamente nova e original do filósofo brasileiro. Um importante precursor desse movimento de renovação crítica da instituição escolar é Antonio Gramsci (1891-1937), intelectual e militante marxista italiano da primeira metade do século XX. Gramsci criticava o sistema educacional de sua época, que mantinha dois tipos de ensino formal: um academicista, de maior duração e nível de profundidade, voltado à formação das elites; e outro profissionalizante, voltado às camadas populares, com o objetivo de dar-lhes um mínimo de qualificação profissional. Como alternativa a esse modelo dicotômico, esse intelectual propôs uma educação pública e unitária, livre de distinções de classes sociais (Gramsci, 2000).

Gramsci foi ainda um pensador extremamente preocupado com o **papel da cultura** – que ele chamava de *civilitá* – nas transformações sociais. Para o italiano, a cultura da classe dominante – também denominada *classe hegemônica* – é produtora de valores ideológicos que contribuem para a manutenção das classes subalternas num regime de submissão. Ainda de acordo com o autor, as elites também produzem conhecimentos e tecnologias às quais as classes subalternas devem ter acesso em seu processo de emancipação social. Pense, por exemplo, em conjuntos de saberes como a medicina ou a matemática, em sua maior parte, produto das classes dominantes; as classes dominadas só têm a ganhar adquirindo esses conhecimentos (Gramsci, 2000).

Surgem nesse ponto as seguintes questões: Como distinguir, na cultura dominante, o que é científico e o que é ideológico? Como distinguir os conhecimentos que propiciam a emancipação social daqueles que reforçam as estruturas de dominação? Aqui cabe destacarmos a ideia de **intelectual orgânico** – um intelectual que está em sintonia com uma classe social determinada e procura torná-la coesa, fomentando uma consciência de classe (Gramsci, 1975). A burguesia também conta com seus intelectuais orgânicos, mas, no âmbito da cultura, os do proletariado devem ser capazes de filtrar para as classes subalternas os conhecimentos dos valores ideológicos a eles geralmente relacionados. Desse modo, é preciso estar atento aos profissionais que atuam junto às classes mais baixas, especialmente a figura do professor, que pode ser um mero transmissor da ideologia dominante ou um verdadeiro intelectual orgânico. Daí a importância da **escola como instância possível de formação da consciência crítica do educando.**

> Como você deve ter percebido, a influência do materialismo dialético nas concepções pedagógicas foi de grande impacto. Mas você entende que essa influência foi positiva ou negativa?
>
> Você deve ter observado também que há diferenças no interior dessa corrente. Com qual vertente você mais se identifica? Por quê?

4.3
Apreciação crítica sobre o materialismo dialético

São inegáveis a influência da teoria marxista no estudo da sociedade e seu impacto sobre as teorias e práticas pedagógicas contemporâneas, especialmente no Brasil. São igualmente incontestáveis a genialidade e a complexidade do pensamento de Marx e Engels. É verdadeiramente fascinante o modo como ambos articularam teorias muitas vezes de caráter burguês ou aristocrático em uma síntese dialética que serve de base para uma proposta pedagógica socialista. Em um período histórico em que a exploração da classe trabalhadora havia atingido níveis assombrosos, a filosofia marxista representou uma contribuição inestimável para a conscientização dos trabalhadores e sua consequente luta por melhores condições de vida e trabalho.

Apesar dos aspectos positivos do materialismo dialético, devemos salientar que, ao longo da história, essa filosofia foi muitas vezes aplicada dogmaticamente, ocasionando opressão e culminando no totalitarismo. Em outras ocasiões, o marxismo foi usado como bandeira de partidos de esquerda, o que é um grande contrassenso, pois Marx e Engels reiteradamente afirmaram que a atuação em partidos políticos significava a aceitação do jogo da burguesia. Os textos desses filósofos alemães não devem ser lidos como uma cartilha ou um manual de instruções, mas como fontes inspiradoras de ideias. Contudo, é importante tomar cuidado com interpretações levianas que atribuem a Marx e Engels ideias e práticas às quais eles jamais dariam aval.

4.4
O materialismo dialético no pensamento pedagógico brasileiro[3]

O materialismo dialético exerceu uma influência enorme nas teorias educacionais do Brasil, principalmente a partir da segunda metade do século XX. No entanto, é difícil mapear ou mesmo avaliar satisfatoriamente essa influência.

A primeira dificuldade é o número muito grande de importantes educadores brasileiros que se alinham ao marxismo: Paschoal Lemme (1904-1997), Dermeval Saviani (1943-), Carlos Roberto Jamil Cury (1945-), Moacir Gadotti (1941-), José Carlos Libâneo (1945-), Bárbara Freitag (1941-), Luiz Antonio Cunha (1943-), Casemiro dos Reis Filho (1927-), Acácia Zeneida Kuenzer, entre outros. A lista é longa, e a inevitável omissão de um ou outro nome comprometeria qualquer análise ou balanço, ainda que provisório.

Em segundo lugar, os educadores marxistas brasileiros são influenciados por diferentes autores da tradição intelectual e pedagógica do marxismo – novamente uma longa lista: Antonio Gramsci (1891-1937), Bogdan Suchodolski (1903-1992), Anton Makarenko (1888-1939), Mario Manacorda (1914-2013), Mariano

---

[3] Os conceitos apresentados nesta seção foram baseados em Gadotti (1995), Freire (1983), Saviani (1983), Rossi (1980), Freitag (2007) e Nosella (1985).

Fernández Enguita, entre outros. Isso deu origem a pedagogias marxistas de diferentes matizes.

Em terceiro lugar, muitos educadores brasileiros notáveis incorporaram influências variadas, além do marxismo. Paulo Freire (1921-1997), por exemplo, provavelmente o educador brasileiro mais conhecido internacionalmente, incorporou muito do marxismo às suas ideias, mas também combinou influências do personalismo do filósofo francês Emmanuel Mounier (1905-1950) e de setores mais progressistas do catolicismo. Tanto é assim que, em suas primeiras obras, o autor se refere preferencialmente às camadas populares como "as massas" em vez de "classes sociais", que seria um conceito mais diretamente ligado ao marxismo. Desse modo, apesar de suas afinidades com o pensamento de Marx e Engels, é difícil classificá-lo como *marxista*, em sentido estrito.

Um dos conceitos mais importantes para se pensar uma síntese da educação brasileira de cunho marxista é o de educação popular. Essa expressão pode ser entendida de diversas maneiras, mas é possível destacar três como as mais importantes. Uma dessas maneiras seria entender a educação popular como uma forma de difundir conhecimentos, habilidades, hábitos e valores entre as camadas mais pobres da população, com vistas à inserção desses segmentos no mercado de trabalho. Embora seja um objetivo aparentemente nobre, ele muitas vezes oculta um preconceito de classe social, pois o ensino profissionalizante de nível fundamental ou médio, ao mesmo tempo que permite a inserção da juventude de nível socioeconômico mais baixo no mercado de trabalho, também a desvia da formação superior. Em uma crítica marxista, é como se os cursos profissionalizantes fossem destinados aos mais pobres e a educação superior aos mais ricos, adensando e perpetuando as desigualdades sociais. Em outras palavras, numa perspectiva marxista, a educação para o trabalho é importante, mas a educação popular não deveria resumir-se a isso.

Em uma segunda acepção do termo, a educação popular pode ser entendida como uma forma pela qual as camadas sociais mais baixas podem se apropriar dos bens culturais produzidos pela e para as camadas mais altas, com vistas à emancipação social. Os conteúdos de matemática, por exemplo, foram historicamente produzidos por membros das classes mais favorecidas com a finalidade de atender aos interesses dessas mesmas classes, mas a apropriação de tais conteúdos pelas camadas populares é importante para a emancipação e autonomia das classes sociais com menor poder aquisitivo. Nesse sentido, não se trata de uma educação popular guiada pelas demandas das classes dominantes por formação de mão de obra barata; trata-se, ao contrário, de tirar as classes dominadas de sua condição de dependência social e econômica.

A segunda concepção é perfeitamente adequada ao ideário marxista, mas há educadores inspirados nesse viés filosófico que vão além e propõem uma terceira concepção de educação popular na qual a construção do saber também é popular, não uma mera apropriação de um saber formalmente elaborado pelas elites. Talvez o exemplo mais claro dessa acepção seja o método desenvolvido por Paulo Freire – pelo qual o educador busca fazer um mapeamento do universo vocabular dos alunos antes de iniciar o processo de alfabetização e utiliza os elementos culturais dos educandos para promover as discussões, visando à formação da consciência crítica dos estudantes.

Na prática, porém, a educação popular proposta pela maioria dos educadores marxistas brasileiros se apresenta como um híbrido da segunda e da terceira concepção de educação popular:

é preciso saber separar a ideologia burguesa dos conteúdos escolares fundamentais produzidos pela burguesia, que são necessários à emancipação da classe trabalhadora; é preciso ainda que a classe trabalhadora saiba forjar e valorizar seus próprios conteúdos escolares.

Comum à maioria dos educadores marxistas brasileiros é a percepção do professor como um **mediador** no processo de ensino-aprendizagem. Essa perspectiva distancia-se de um modelo tradicional e autoritário, no qual o educador exerce o papel de mero transmissor e, ao mesmo tempo, não se compromete com os aspectos liberais e individualistas de uma abordagem escolanovista, em que o aluno torna-se agente do processo, e o professor tem papel acidental e periférico. Na verdade, o conceito de *mediação* se coloca como uma via do meio, pois não enfatiza o papel do aluno ou do professor isoladamente, mas a relação entre ambos. É o que defende, por exemplo, Madalena Freire (1983). Sem descartar o fato de que são o planejamento e a organização escolar que fundamentam as atividades de ensino, Freire enfatiza o papel da criança, que forja seu próprio conhecimento com base em suas vivências cotidianas. Também comunga dessa visão Dermeval Saviani (1983), que destaca na educação popular dois aspectos: um negativo, como crítica da ideologia burguesa, e outro positivo, no sentido de dar uma expressão elaborada ao senso comum, levando o educando a uma formalização do saber mais adequada aos interesses populares, em um processo em que a mediação do professor é fundamental.

Além dessa contribuição importante às teorias e práticas do ensino, os educadores marxistas brasileiros empreendem uma crítica ferrenha à escola concebida nos moldes do sistema capitalista. Em sua obra *Capitalismo e educação*, o educador Wagner Gonçalves Rossi (1980) denuncia aquilo que chama de *pedagogismo* ou *messianismo pedagógico*, que consiste na ilusão de que a escola seria capaz de resolver todos os problemas sociais, quando, na verdade, esse espaço se configuraria como inculcador da ideologia dominante.

Bárbara Freitag (2007) faz uma análise semelhante ao estudar a relação entre o desenvolvimento político e econômico brasileiro e a educação. Apoiando-se em teóricos marxistas como Gramsci e Althusser, a autora argumenta que a sociedade política invade determinadas áreas da sociedade civil, entre elas a educação, tornando-as subordinadas a seu controle. Outro exemplo de crítica marxista à escola capitalista é a obra *As belas mentiras: a ideologia subjacente aos textos didáticos*, de Maria de Lourdes Deiró Nosella (1985), que analisa como os livros didáticos, muitas vezes, servem de instrumento de perpetuação da ideologia dominante.

Síntese

O materialismo dialético é uma filosofia baseada nos escritos de dois pensadores alemães do século XIX, Karl Marx e Friedrich Engels. Para esses pensadores, a história se desenvolve de forma dialética, isto é, em um movimento de tese-antítese-síntese, configurando-se como uma contínua luta de classes. Em uma etapa ulterior do sistema capitalista, o acirramento das contradições sociais culminaria em uma revolução socialista, etapa necessária para a instalação de uma ditadura proletária, para a superação da ideia de Estado e, por fim, para o estabelecimento de uma sociedade sem classes.

A educação ganha destaque no ideário do materialismo dialético quando Marx e Engels postulam a necessidade de uma educação proletária como modo de formação da consciência crítica e supressão da ideologia burguesa.

Nos debates entre marxistas contemporâneos, uma das questões mais controversas diz respeito ao papel da escola. Para alguns teóricos marxistas, como Louis Althusser, representante da corrente crítico-reprodutivista, a escola é e sempre será local de doutrinação da ideologia burguesa, devendo, portanto, ser extinta no processo de emancipação social da classe trabalhadora. Por outro lado, de acordo com outros teóricos marxistas, como Dermeval Saviani, a escola pode se tornar local de formação da consciência crítica e não deve, pois, ser extinta, mas transformada.

A influência do marxismo no pensamento pedagógico brasileiro é bastante significativa e se faz notar pelo grande número de educadores brasileiros que, direta ou indiretamente, se vincularam a essa corrente. Um conceito comum à maioria deles é o de *mediação*, de acordo com o qual o professor não deve atuar como transmissor ou facilitador, mas como mediador no processo de ensino-aprendizagem. Aderentes a essa visão são os trabalhos de Freire, Saviani, Rossi, Freitag, Nosella, entre outros.

Indicações culturais

Filmes

REDS. Direção: Warren Beatty. EUA: Paramount Pictures, 1981. 188 min. O filme apresenta a história do jornalista americano John Reed, que acompanhou de perto a Revolução Russa de 1917.

TEMPOS modernos. Direção: Charles Chaplin. EUA: United Artists, 1936. 87 min.

O filme retrata aspectos do cotidiano de trabalhadores da indústria, especialmente o caráter anti-humanista da linha de montagem.

Livros

ORWELL, G. A revolução dos bichos. São Paulo: Companhia das Letras, 2004.

Trata-se de um romance que satiriza a revolução de inspiração marxista que levou ao regime comunista na Rússia. Os atores históricos são representados por animais de uma fazenda, e a narrativa deixa transparecer o caráter autoritário e anti-humanista do marxismo dogmático.

REED, J. 10 dias que abalaram o mundo. Porto Alegre: L&PM, 2004.

A obra retrata a Revolução Russa de 1917 do ponto de vista de um jornalista americano que presenciou os acontecimentos.

WILSON, E. Rumo à estação Finlândia. São Paulo: Companhia das Letras, 2006.

Trata-se de uma coleção de ensaios biográficos que narram a trajetória do marxismo, desde a vida de Marx e Engels até a Revolução Russa de 1917.

Atividades de autoavaliação

1. Assinale V nas afirmativas verdadeiras e F nas falsas:

    ( ) O marxismo é uma filosofia associada ao norte-americano Groucho Marx, comediante que atuou na época do cinema mudo.

    ( ) O marxismo é também chamado de *materialismo dialético*, pois mantém o materialismo de seu predecessor, Hegel, conferindo-lhe, porém, um caráter dialético que esse pensador não conferia aos seus pensamentos.

( ) O materialismo dialético surgiu no século XVII, antes, portanto, da Revolução Industrial e da Revolução Francesa.

( ) Para Marx e Engels, é preciso desmascarar a ideologia imposta pelo proletariado para que a classe burguesa se liberte de suas amarras sociais.

Marque a alternativa que indica a sequência correta:

a) F, F, F, F.
b) V, V, V, V.
c) F, V, F, V.
d) V, F, V, F.

2. Leia atentamente as proposições a seguir:

I. Os textos de Marx e Engels, em virtude de sua coerência e unidade lógica, permitiram que o marxismo se tornasse historicamente um movimento intelectual coeso, no qual raramente houve disputas quanto à sua correta interpretação.

II. Após a vitória do Partido Bolchevique na Rússia, em 1917 e a formação do bloco soviético alguns anos mais tarde, a interpretação do marxismo veiculada pelo Partido Comunista Soviético se tornou a versão dita *oficial* e relativamente pouco questionada do pensamento de Marx e Engels.

III. Em uma perspectiva althusseriana, a educação em geral e a escola em particular são veículos de transmissão da ideologia dominante, cujo principal objetivo é manter o controle social nas mãos da classe burguesa.

IV. Gramsci propõe uma educação pública, unitária e que não faça distinções entre classes sociais.

Estão corretas apenas as afirmativas:

a) I e III.
b) II e III.
c) II, III e IV.
d) I, II e IV.

3. É correto afirmar que Marx e Engels:

   a) são terminantemente contra o trabalho infantil, argumentando que só a partir dos 18 anos de idade o indivíduo pode se engajar em atividades produtivas.

   b) defendem o trabalho infantil, argumentando que longas jornadas de trabalho, de 12 ou mais horas diárias, servem para fortalecer o caráter de crianças e jovens.

   c) não são contrários ao trabalho infantil, mas se opõem à exploração indiscriminada de crianças e jovens no setor produtivo.

   d) não se posicionam a respeito do trabalho infantil, uma questão polêmica na época, mas já resolvida nos dias de hoje.

4. Considerando o legado de Marx e Engels para a filosofia da educação, assinale a alternativa **incorreta**:

   a) Para Althusser, a escola pode ser entendida como um aparato ideológico do Estado, cujo papel é defender os interesses das classes dominantes.

   b) Segundo a pedagogia histórico-crítica, a escola pode se tornar local de formação da consciência crítica, ainda que historicamente ela tenha feito justamente o oposto.

   c) Para Saviani, a extinção da escola é condição indispensável para a superação da ideologia burguesa.

d) Na interpretação de Gramsci, o professor pode ser considerado um intelectual orgânico na medida em que fomenta a consciência de classe.

5. Leia o excerto a seguir e assinale a alternativa correta:

> O resultado a que cheguei e que, uma vez obtido, serviu-me de fio condutor aos meus estudos, pode ser formulado em poucas palavras: na produção social da própria vida, os homens contraem relações determinadas, necessárias e independentes de sua vontade, relações de produção estas que correspondem a uma etapa determinada de desenvolvimento de suas forças produtivas materiais. A totalidade destas relações de produção forma a estrutura econômica da sociedade, a base real sobre a qual se levanta uma superestrutura jurídica e política, e à qual correspondem formas sociais determinadas de consciência. O modo de produção da vida material condiciona o processo em geral de vida social, político e espiritual. Não é a consciência dos homens que determina o seu ser, ao contrário, é o seu ser social que determina sua consciência. (Marx, 1983, p. 233)

a) Para Marx, o desejo de enriquecimento pessoal, que se identifica com a produção social da própria vida, tornou-se o fio condutor de seus estudos.

b) Na concepção de Marx, a base econômica serve de alicerce à superestrutura jurídica e política da sociedade.

c) Na teoria econômica de Marx, o modo de produção da vida material é condicionado pelo processo social, político e espiritual.

d) O desenvolvimento das forças produtivas materiais permanece sempre o mesmo, não obstante as mudanças que ocorrem na sociedade.

6. Considerando a influência do marxismo no pensamento pedagógico brasileiro, assinale a alternativa correta:

a) A influência do marxismo é particularmente visível nas obras de Paulo Freire, que incorporou somente os conceitos de Marx e Engels, ignorando por completo as contribuições de outros autores e correntes.

b) O conceito de *educação popular* é duramente combatido pelos educadores marxistas brasileiros, pois só pode ser interpretado como forma de reprodução das estruturas de dominação social e econômica.

c) Para Saviani, a escola é sempre e necessariamente instrumento da burguesia e deveria ser extinta para possibilitar a emancipação social dos menos favorecidos.

d) Um aspecto comum à maioria dos educadores marxistas brasileiros é a crítica ao modelo burguês de escola, que não resolve os problemas sociais e não raro serve aos interesses do capitalismo.

Atividades de aprendizagem

Questões para reflexão

1. Faça uma explanação sobre os conceitos *materialismo* e *dialética* e explique de que modo eles se articulam na filosofia de Marx e Engels.

2. Explique a crítica que Marx e Engels fizeram à instituição escolar no século XIX.

3. Compare a concepção de educação em Louis Althusser e Dermeval Saviani, indicando semelhanças e diferenças.

Atividade aplicada: prática

Elabore um texto sobre o ensino profissionalizante e relacione esse tema às teorias educacionais de Marx e Engels.

5.

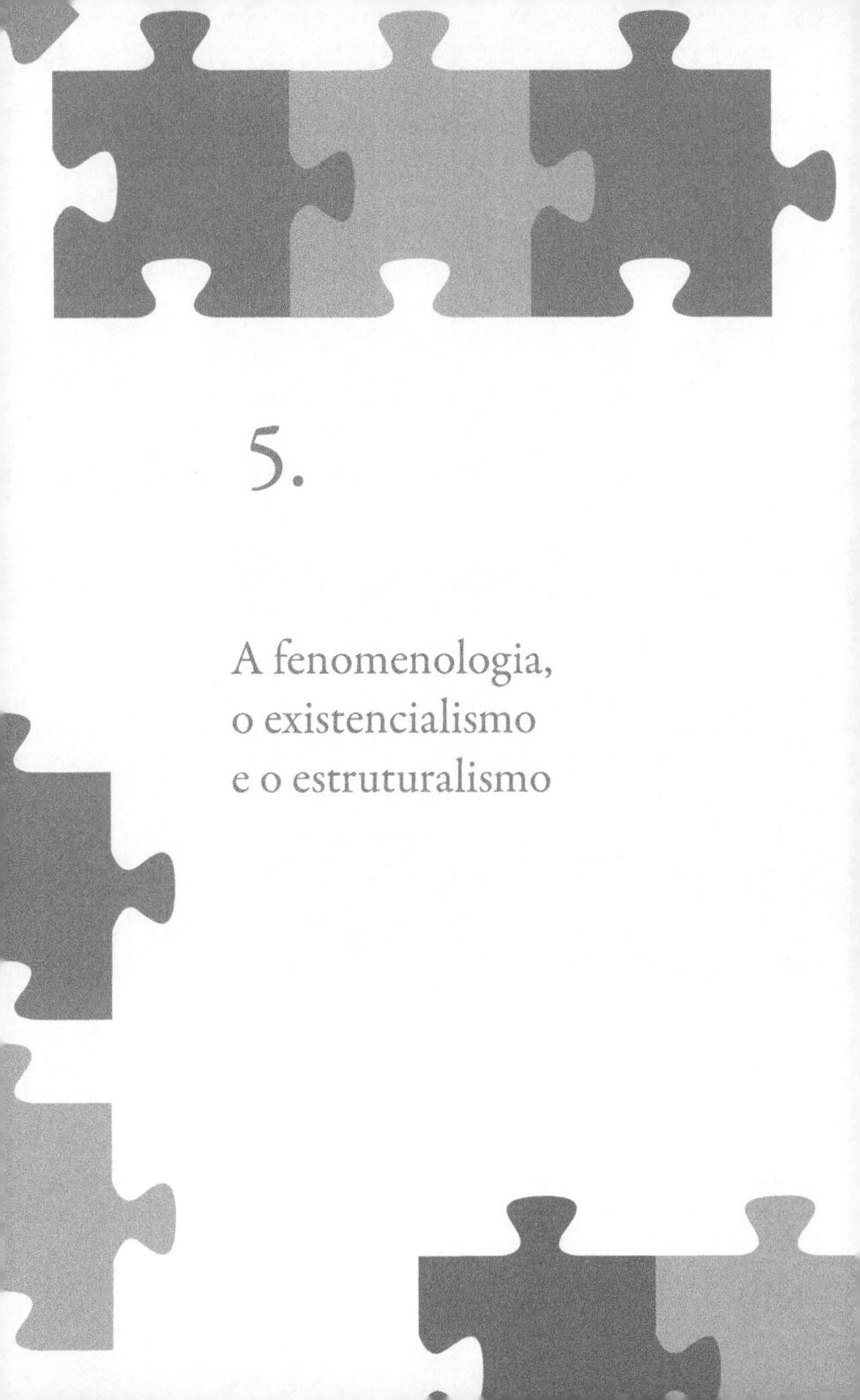

A fenomenologia, o existencialismo e o estruturalismo

Imagine que você deve ler cerca de cem livros por ano, durante dez anos. Mil livros! Parece muita coisa, não é? No entanto, qualquer boa biblioteca universitária deveria contar com um acervo de obras de filosofia muito maior, pois essa disciplina se desenvolveu de maneira extraordinária no século XX: o número de autores e obras que merecem atenção é, de fato, bastante extenso.

O estudo da filosofia contemporânea e de suas relações com as teorias e práticas pedagógicas demanda, portanto, fazer escolhas. Em virtude disso, neste capítulo, examinaremos apenas três das muitas vertentes da filosofia contemporânea – a fenomenologia, o existencialismo e o estruturalismo – e versaremos sobre suas implicações para o pensamento pedagógico. Reconhecemos que perdemos em abrangência, mas ganhamos em profundidade de análise. Isso, porém, não significa que você, leitor, deva se limitar ao estudo dessas correntes. Este capítulo é somente um ponto de partida para uma jornada fascinante que você pode empreender no universo da filosofia contemporânea.

Das três abordagens filosóficas que analisaremos neste capítulo, duas são estreitamente relacionadas: a fenomenologia e o existencialismo. A **fenomenologia** surgiu na transição do século XIX para o XX como uma tentativa de superação dos impasses suscitados pela psicologia, que, na época, ameaçava desacreditar as pretensões da filosofia de buscar um conhecimento verdadeiro e objetivo. Como em muitos momentos a reflexão fenomenológica se baseava em uma análise do conteúdo das vivências humanas, abriu-se espaço para as questões existenciais, como o sentido da vida humana em face de sua finitude: surgia assim o **existencialismo**, que afirma de forma radical a liberdade humana. Nessa corrente, o ser humano é visto como sujeito que constrói a si mesmo mediante suas escolhas (Gilles, 1975).

Em oposição à tese existencialista, muitas correntes filosóficas postulam que o ser humano não é livre, que a liberdade é uma ilusão e que as escolhas humanas são determinadas por estruturas inconscientes. Dessas correntes, a mais influente é o **estruturalismo**, posicionamento filosófico de oposição à fenomenologia e, principalmente, ao existencialismo.

5.1
A fenomenologia[1]

Certamente, você já percebeu que muitas questões filosóficas são pertinentes também à psicologia, não é mesmo? Contudo, embora existam afinidades, as relações entre psicologia e filosofia, como explicaremos a seguir, nem sempre foram harmônicas. A filosofia moderna foi inaugurada por Descartes, que desenvolveu a problemática do conhecimento. A partir de então, os demais temas filosóficos, como a metafísica, a ética, a política, a estética e a cosmologia, passaram a ficar subordinados à gnosiologia, que se volta para a reflexão filosófica sobre o conhecimento. A psicologia, como parte da filosofia, assumiu um papel importante, ocupando-se com as condições de possibilidade do conhecimento. Entretanto, ao longo do século XIX, a psicologia se firmou como uma ciência empírica e autônoma, e não mais como uma parte da filosofia. Assim, grandes questões filosóficas – "O que é a verdade?", "Como é possível o conhecimento?", "Como distinguir o falso do verdadeiro?", entre outras – passaram a ser consideradas questões científicas, e não mais filosóficas.

Como resultado dessas mudanças, a filosofia entrou em crise. Se a psicologia já tinha as respostas para os principais temas filosóficos, então a filosofia havia perdido sua razão de ser. Pior do que isso é o tipo de resposta que a psicologia empírica oferece à questão da objetividade do conhecimento.

---
1 Esta seção foi elaborada com base em Husserl (1980) e Heidegger (2002).

> Os psicologistas da segunda metade do século XIX argumentavam que o conhecimento se efetiva por meio de atos mentais. Como esses atos são distintos de um sujeito para o outro – o pensamento de uma pessoa é diferente do de outra –, então os objetos mentais são também subjetivos. Se é assim, a objetividade – a possibilidade de dois ou mais sujeitos se referirem a um mesmo e único objeto de conhecimento – torna-se simplesmente impossível. Tente imaginar como soa absurdo dizer, por exemplo, que duas pessoas, olhando para a mesma maçã, estão cada qual olhando para a "sua" maçã, distinta da maçã do outro, ou que várias pessoas, pensando na ideia matemática de circunferência, estão se referindo a objetos diferentes!

Nesse contexto, surgiram basicamente duas grandes propostas de superação dos impasses gerados pela interpretação psicologista do conhecimento. A primeira delas foi o **neokantismo**, uma tentativa de retomar e atualizar a filosofia de Immanuel Kant (sobre quem comentamos no Capítulo 1). Esse viés filosófico situa o tema do conhecimento em um campo transcendental, isto é, acima da experiência imediata, não permitindo que a psicologia empírica se confunda com a reflexão filosófica. Como o neokantismo trabalha com categorias muito abstratas e distantes da realidade, não atraiu muitos adeptos.

A segunda proposta foi a de Edmund Husserl (1859-1938), pensador alemão que se baseou na psicologia, nas vivências concretas tal como experienciadas por um sujeito de conhecimento para, posteriormente, ultrapassar essa visão e ressituar as questões

Edmund Husserl

filosóficas em novo nível de entendimento. Esta segunda proposta, que se fundamenta no conceito filosófico de *fenômeno* – o objeto tal como aparece na consciência de um sujeito –, firmou-se na tradição filosófica com o nome de *fenomenologia*. Husserl baseou-se no conceito de intencionalidade, trabalhado primeiramente por Franz Brentano (1838-1917), seu professor. No linguajar corrente, *intencionalidade* refere-se a um ato da vontade que impele o sujeito a uma ação. A intenção tem implicações morais: diz-se, por exemplo, que alguém teve boas ou más intenções ao praticar determinada ação. Mas, na filosofia medieval, a palavra *intencionalidade* significava também um ato mental dirigido a um objeto de conhecimento. Assim, uma intenção é uma ação de ordem puramente cognitiva, isto é, um ato pelo qual um sujeito visa a um determinado objeto.

Brentano (1973) e Husserl retomaram esse conceito da Idade Média, pois, com base nele, concebe-se o conhecimento não como algo que acontece a um sujeito, mas como algo que o sujeito faz acontecer, uma vez que a intenção pressupõe uma postura ativa e não passiva. Essa visão permite superar a concepção empirista clássica, de caráter mecanicista, que atribui ao objeto o papel de agente no ato de conhecimento e que entende o sujeito como um ser passivo, que simplesmente recebe as impressões feitas pelo objeto sobre os órgãos dos sentidos. Na perspectiva fenomenológica, ocorre justamente o contrário: é o sujeito que tenciona (tende a) um objeto.

E, então, o que você deve entender, afinal, quando se fala em *fenomenologia*?

O método fenomenológico consiste em uma descrição minuciosa dos atos psíquicos correspondentes às vivências intencionais. Husserl critica o psicologismo, afirmando que este confunde o ato mental (noese) com o objeto de conhecimento (noema): o primeiro é individual e subjetivo; o outro pode ser universal e objetivo, isto é, pode ser o mesmo para diversos sujeitos. Com essa distinção, Husserl não só recupera a possibilidade da objetividade do conhecimento, que o psicologismo havia tentado desacreditar, como também garante a autonomia e a primazia da especulação filosófica.

A fenomenologia nega a existência de uma consciência isolada, que espera para ser preenchida pela experiência de um objeto. Toda consciência já é consciência de alguma coisa: sujeito e objeto são indissociáveis. Mesmo quando alguém toma consciência de si, o "si mesmo" se torna objeto de conhecimento. Embora Husserl não tenha usado explicitamente o método fenomenológico para tratar da questão pedagógica, as implicações da fenomenologia para a filosofia da educação são inegáveis.

> A consciência de si mesmo é o que faz do ser humano um ser reflexivo e também um ser de ação, já que somente ele é possuidor de pensamento e linguagem, o que lhe possibilita agir e refletir sobre si mesmo e sobre suas próprias ações neste mundo. Nesse sentido o processo ensino-aprendizado transforma os educandos em sujeitos plenamente "intentos" sobre a realidade que os circunda e capazes de descobrir o que já estava nela implícito, porém inconspícuo no fenômeno percebido. A intencionalidade da consciência torna-se, dessa forma, o principal elemento do processo ensino-aprendizado em que os objetos são encarados como objetos-problemas, ou seja, obstáculos com os quais os alunos se deparam e se sentem compelidos a resolver. O aprendizado se transforma ao mesmo tempo em reflexão e contemplação, como também em convocação e desafio diante de situações-problema. O ato de aprender se constitui em tomar, criticamente, consciência

da realidade. Nesse ato de conhecimento intencional, toda subjetivação, todo ato de abstração é representado de tal modo que o processo ensino-aprendizado passa a ser encarado como um desafio para ambos, educador e educando. (Oliveira et al., 1993, p. 106-107)

Certamente, você já começou a perceber com clareza a importância do pensamento de Edmundo Husserl e de suas ideias. No entanto, a fenomenologia, como tradição filosófica e método de investigação, ultrapassou os limites do pensamento de Husserl e ganhou novos contornos nas investigações de outros autores, como Martin Heidegger (1889-1976), um dos mais importantes para a história da filosofia.

Em vez de procurar firmar a filosofia como campo de investigação autônomo e fundamento das ciências, como Husserl havia feito, Heidegger tem como principal preocupação a metafísica. Para o filósofo alemão, a especulação filosófica grega antiga, que, no período pré-socrático, teria sido marcada pela busca do ser, acabou sendo interrompida no período clássico – Sócrates, Platão e Aristóteles – quando a questão do ser foi substituída pela questão do ente, isto é, daquele que possui o ser. Heidegger propôs uma retomada da questão mais fundamental de todas, o sentido do ser em geral, subjacente ao ente.

Na obra *Ser e tempo* (2002), Heidegger busca delimitar a compreensão do ser em geral com base numa análise fenomenológica do ente que pensa o ser, isto é, o homem, que, na terminologia heideggeriana, é chamado de *Dasein* (ser aí) e se constitui como um ser para a morte, pois nada é tão certo na vida humana quanto o fato de que um dia ela terá fim, ainda que não se saiba, de modo preciso, como e quando isso acontecerá. Segundo Heidegger, a consciência da morte como condição existencial última da vida humana é o que permite ao homem viver uma vida autêntica.

Na verdade, Heidegger interessa-se pelo tema do ser, mas, ao tentar abordá-lo por meio de uma antropologia filosófica, isto é, uma análise da existência humana de um ponto de vista fenomenológico, tornou-se a principal fonte de inspiração de outra corrente filosófica, conhecida como *existencialismo*.

A abordagem fenomenológica na educação tem sido objeto de estudo de diversos educadores brasileiros, como Henrique Nielsen Neto e Maria Aparecida Viggiani Bicudo. Para esses estudiosos, a pedagogia tradicional erra ao estabelecer um conjunto predefinido de conteúdos escolares com os quais o aluno deve ter contato, independentemente de suas vivências individuais ou sociais. Nesse sentido, o estudante, na qualidade de sujeito do processo de ensino-aprendizagem, deveria se dirigir aos objetos de aprendizagem de modo intencional, e não desempenhar um papel passivo, como frequentemente acontece, assimilando o que lhe é dado pelo professor ou pelo material didático. O grande problema da pedagogia tradicional, portanto, é que, ao impor conteúdos distantes das vivências do aluno, enfatiza objetos que não são significativos, prontos para serem esquecidos ou descartados uma vez realizadas as atividades de avaliação. Uma proposta educacional baseada na fenomenologia, pelo contrário, trabalharia com conteúdos diretamente relacionados às vivências intencionais dos alunos e, estando em sintonia com os demais aspectos da vida dos educandos, teria um impacto mais duradouro, se não permanente. Segundo Bicudo (2003, p. 43, grifo do original),

> *A atitude fenomenológica [...] caracteriza-se pela atentividade à experiência vivida, pelo esforço consciente de compreensão e interpretação dessa experiência, visando à lucidez sobre seu sentido e significado para si e para o outro; em níveis subjetivo, intersubjetivo e objetivo.*

> *Essa clareza não é dada; não está na aparência das manifestações. É conseguida apenas mediante um rigoroso trabalho de redução. Isso quer dizer que é preciso destacar-se, colocar em evidência o que se busca elucidar. É nesse movimento que se dá a investigação do professor, que sempre ocorre com os alunos.*
>
> *Portanto, é uma investigação que sempre ocorre no mundo-vida escolar, desenvolve-se nele e, ao desenvolver-se, afeta o modo de ser dos sujeitos envolvidos, por ser busca do sentido de si, do outro (sujeitos copresentes), do mundo, das atividades didáticas e respectivos meios de apresentá-las e efetuá-las, dos conteúdos ensinados, das habilidades trabalhadas, dos valores que pautam as avaliações, da legislação que organiza (ou desorganiza) a instituição e seu funcionamento. É uma investigação que busca o sentido que essas atividades fazem para cada um, desenvolvendo-o na intersubjetividade dos coparticipantes, construindo significados e trabalhando no nível da objetividade.*

Como seria de se esperar, a abordagem fenomenológica da educação, tal como proposta por autores como Nielsen Neto e Bicudo, implica uma reestruturação profunda do currículo escolar. Isso não significa que o aluno deve estudar somente aquilo de que ele "gosta", pois o conceito fenomenológico de intencionalidade diz respeito ao intelecto, e não à vontade. O importante é que a seleção dos conteúdos seja norteada pelas vivências dos alunos, e não delineada como um conjunto de informações desvinculadas da vida e, portanto, com pouco ou nenhum significado. Na prática, a didática deve basear-se no debate e no confronto de opiniões, porque o que é verdade para um pode não o ser para outro. Desse modo, a aprendizagem leva em consideração que o saber é sempre uma construção dos sujeitos, mas sem abandonar o ideal de objetividade do conhecimento escolar.

5.2
O existencialismo[2]

Em seu cotidiano, muitas pessoas certamente pensam e falam sobre o tema *liberdade*, e provavelmente em um sentido positivo. Afinal, todos sentem a necessidade de ser livres, não é mesmo? Mas qual é o conceito filosófico de *liberdade*?

O existencialismo é uma corrente filosófica que enfatiza a liberdade e a responsabilidade individual do ser humano. Historicamente, antecede a filosofia existencialista o pensamento de Sören Kierkegaard (1813-1855), filósofo dinamarquês. Contrapondo-se à corrente dominante da época, que afirmava a primazia do universal, Kierkegaard sublinhava a prioridade da existência singular. Profundamente influenciado pelo cristianismo, o pensador dinamarquês acreditava que a relação que o ser humano estabelece com o Criador é de ordem pessoal: Deus não ama o ser humano em geral, mas cada ser humano em particular.

Na visão kierkegaardiana, a existência humana é absurda e sem sentido, o que conduz o homem à angústia e ao desespero. Em face dessa situação, o ser humano pode assumir um dos três seguintes estados:

Sören Kierkegaard

Marcelo Lopes

---
2 Os conceitos apresentados nesta seção se baseiam em Sartre (1984), Burstow (2000) e Moreira e Rosa (2014).

1. **Estado estético** – O homem tenta se distrair com as coisas do mundo para não pensar no absurdo da vida.
2. **Estado ético** – O ser humano assume uma atitude de resignação diante do caos inerente à existência humana.
3. **Estado religioso** – Por meio da fé, o ser humano dá um "salto" para Deus (Le Blanc, 2003).

Heidegger retomou a filosofia de Kierkegaard, mas em uma perspectiva não teísta, isto é, sem levar em consideração a dimensão religiosa. Desse modo, o filósofo alemão não adota três, mas apenas dois modos de existência: o **inautêntico** e o **autêntico**. O modo de vida inautêntico corresponde ao estado estético de Kierkegaard. Segundo Heidegger (2002), o ser humano assume uma existência inautêntica quando tenta fugir da angústia associada à ideia da morte e se distrai com as preocupações imediatas. A existência autêntica, correlata do estado ético do filósofo dinamarquês, acontece quando o sujeito assume a morte como possibilidade existencial última e certa, mas indeterminada, e vive intensamente a angústia dela decorrente.

Heidegger rejeita ser chamado de *existencialista*, uma vez que suas considerações sobre a existência humana não eram senão o caminho pelo qual ele buscava atingir seu objetivo maior: **a compreensão do ser em geral**.

Martin Heidegger

Jean-Paul Sartre

Essa atitude de resignação estoica perante o absurdo da vida humana inspirou Jean-Paul Sartre (1905-1980), pensador francês geralmente considerado o principal representante da corrente existencialista, cujas principais obras são *O ser e o nada* (2005) e *Crítica da razão dialética* (2002). Ao defender a liberdade e a responsabilidade humanas, Sartre (1984), em seu escrito *O existencialismo é um humanismo*, nega a crença em Deus, no destino, nos astros e em qualquer outro fator capaz de determinar o curso da existência humana. O existencialismo sartreano, em virtude de seu caráter pessimista – na conclusão de que a vida humana não vale a pena ser vivida ou que tanto faz viver ou não viver e na negação da fé cristã e dos valores morais dela decorrentes –, foi frequentemente acusado de ser anti-humanista. Para se defender dessas críticas, Sartre explica o que é o existencialismo, distinguindo essência de existência. As coisas que existem no mundo em geral são seres "em si", isto é, têm uma essência determinada e são definidas de acordo com essa essência. Um grampeador, por exemplo, foi projetado e produzido para cumprir uma função definida: grampear papéis. Desse modo, sua essência, isto é, aquilo que a coisa "é", precede sua existência concreta. No caso do ser humano, ao contrário, a existência precede a essência: aquilo que um sujeito é resulta de um processo – primeiro ele existe e se faz a cada momento de sua existência. Nesse processo, são as decisões livres que o indivíduo toma que determinam seu ser, sua essência (Sartre, 1984).

> Sartre esclarece seu argumento lançando mão de um exemplo. Em *O existencialismo é um humanismo* (1984), o autor conta a história de um jovem que foi procurá-lo na época da guerra para pedir-lhe um conselho. O rapaz queria juntar-se à resistência, para lutar contra as forças alemãs, inimigas dos franceses, mas não queria abandonar a mãe idosa e doente. Sartre mostra que o jovem se encontrava em um dilema: podia tornar-se um bom filho ou um bom patriota, mas não ambas as coisas. Em outras palavras, aquilo que ele "seria", a sua "essência", seria definida com base em suas condições existenciais concretas e de sua livre escolha. Nesse sentido é que se pode entender a afirmação de Sartre de que o homem é condenado a ser livre: o sujeito pode escolher qualquer coisa, exceto a possibilidade de não escolher. E são as escolhas feitas que definem quem o indivíduo é. Trata-se de um posicionamento filosófico encantador, não é mesmo?

O legado de Sartre para a filosofia da educação é extremamente problemático em razão das várias e conflitantes interpretações que têm sido feitas de sua obra. Nas relações interpessoais, Sartre vê a figura do "outro" como alguém que limita a liberdade do indivíduo, daí se entende o aforismo do pensador francês: "O inferno são os outros" (Cohen-Solal, 2005). Assim, a relação entre professor e aluno é sempre marcada pelo autoritarismo do educador e pela perda da liberdade do educando e, portanto, da sua própria humanidade. Uma concepção pedagógica concebida em moldes existencialistas é, assim, impossível.

Essa é a interpretação de comentadores como Khemais Benhamida (citado por Burstow, 2000, p. 105): "O indivíduo identifica-se com o projeto em cuja realização está constantemente engajado. Por tal razão e porque dois projetos nunca coincidem, a única relação possível entre dois indivíduos é o conflito".

Contra essa interpretação, Burstow (2000, p. 106) afirma que alguns teóricos como Benhamida "não entenderam adequadamente a posição de Sartre a respeito do que é o ser humano, nem fazem justiça aos pontos de vista mais liberais das relações humanas desenvolvidos em seus últimos textos". O fato é que, na filosofia de Sartre, o reconhecimento do "outro" é fundamental para tornar possível o reconhecimento de "si mesmo": é só por meio dos olhos dos outros que o sujeito pode ver a si mesmo. Assim, o ser humano é concebido em uma relação dinâmica com os outros, que limitam a liberdade individual, mas, ao mesmo tempo e paradoxalmente, são precondição para o exercício dessa liberdade (Cohen-Solal, 2005). Em uma perspectiva existencialista, o aprendizado, portanto, deve incorporar essa visão do homem como um campo de possibilidades, e a função da educação é formar os indivíduos para uma vida de liberdade e responsabilidade.

> Pense a respeito do que você estudou sobre o existencialismo, procure ler os textos de Sartre e debata com seus colegas sobre as seguintes questões: O homem é mesmo livre? Quais são as consequências da existência ou da ausência da liberdade para as teorias e práticas pedagógicas? Você vai se surpreender com o amadurecimento intelectual e mesmo pessoal que essas reflexões trarão para a sua vida!

5.2.1 Repercussões do existencialismo para o pensamento pedagógico brasileiro

É difícil avaliar o impacto do existencialismo no pensamento pedagógico nacional pelo fato de que a incorporação de conceitos e ideias existencialistas por intelectuais de destaque no Brasil frequentemente se faz de forma indireta. Assim, é possível reconhecer elementos existencialistas em educadores brasileiros importantes, como Paulo Freire ou Rubem Alves, sem que, contudo, se possa caracterizá-los univocamente sob o rótulo de *existencialistas*.

Moreira e Rosa (2014), por exemplo, em um artigo para a revista *Contrapontos*, identificam claramente alguns aspectos que revelam a aproximação entre Sartre e Paulo Freire:

> *Sartre e Freire partem da compreensão fenomenológica da consciência como intencionalidade. A consciência é sempre consciência de alguma coisa, que está fora dela mesma, transcendente a ela, e não dentro dela. Por isso o homem é um ser de relação, e só se humaniza em relação com outros homens, tendo o mundo como mediação, assim como os homens também são mediação para os outros homens. Ambos partem também da base materialista histórica, em que o homem surge em um mundo já construído por outros homens, e que se foram construindo na exata medida em que construíam o mundo. Por isso, ao surgir no mundo feito por outros, este é sempre um ponto de partida, não de chegada, não de determinação. O mundo traz condições objetivas para a existência, mas esta transcende estas condições e recria o mundo, ou o aceita. Ambos, homem e mundo, são inacabados.*
> (Moreira; Rosa, 2014, p. 420)

Como mencionado no Capítulo 4, Paulo Freire propôs a superação de um ensino autoritário, que impõe conteúdos que emanam "de cima" e "de fora" e toma o educando como uma *tabula rasa*, um papel em branco esperando ser preenchido por aquilo que o professor lhe transmitirá. Esse modelo monológico, que Freire chama de *educação bancária* (na qual o conhecimento é depositado no aluno, como dinheiro numa conta bancária), deve ser substituído por uma **abordagem dialógica**. Os alunos não chegam à escola vazios de conteúdo, mas com um saber assistemático e informal, que melhora qualitativamente no diálogo com o professor.

Em outras palavras, o aluno não é uma essência predefinida, mas um ser existencial que constrói sua essência, que se torna sujeito num processo intersubjetivo que envolve o professor e seus colegas. Para Freire, tal como para Sartre, a existência precede a essência. A grande diferença entre os dois teóricos é que o filósofo francês concebe a constituição de um sujeito individual que *a priori* é livre, ao passo que Freire enfatiza o caráter coletivo da constituição da subjetividade num contínuo **processo de libertação dos fatores de opressão**.

Rubem Alves (1933-2014) é outro exemplo de educador cujo pensamento foi indiretamente influenciado pelo existencialismo. Em suas obras, o autor critica as situações nas quais o trabalho docente é realizado sem sentido, de modo automático, tendo em vista unicamente o salário, como um remador que simplesmente rema para frente. Nesses casos, o ensino acontece sem um componente essencial, que é o prazer de ensinar e de aprender. Um dos principais exemplos desse ensino mecânico e sem prazer é a preparação para o vestibular, que exige o aprofundamento em muitos conteúdos de que o aluno jamais vai precisar, enquanto outros conteúdos importantes para a vida são deixados de lado. De forma irônica, Rubem Alves sugeriu até mesmo que a seleção para o ingresso nos cursos superiores fosse feita por sorteio. Esse modelo de ensino desmotivador criticado pelo pensador brasileiro se aproxima da percepção existencialista da vida como absurdo, característica do pensamento sartreano.

Diferentemente de Sartre, no entanto, Rubem Alves propôs mudanças profundas na forma de ensinar, no intuito de superar o automatismo e a alienação da educação tradicional. Para ilustrar sua visão, o educador utiliza a metáfora dos eucaliptos e jequitibás. Os primeiros crescem rapidamente, enfileirados, prontos para o corte. Esses são comparados aos alunos que na escola tradicional são preparados unicamente para o mercado de trabalho. Diferentes dos eucaliptos, os jequitibás demoram a crescer, mas fincam profundamente suas raízes na terra e se tornam árvores seculares. Esses são como os alunos que são preparados para a vida numa perspectiva mais ampla.

5.3
O estruturalismo[3]

É certo que você já ouviu ou utilizou a palavra *estrutura*. Muitos se referem, por exemplo, à estrutura de uma construção. E se alguém perguntar a você qual é a estrutura de uma língua ou de um sistema de pensamento? Nesse caso, é necessário afastar-se do senso comum e aproximar-se de um conceito filosófico.

Uma das mais importantes inovações teóricas para as ciências humanas veio da noção de *estrutura* desenvolvida inicialmente no campo da linguística por **Ferdinand de Saussure** (1857-1913). Desde Descartes, passando por Kant e Hegel, as correntes filosóficas mais influentes postulavam a primazia do "eu" sobre o "outro", da identidade sobre a diferença. Para Descartes, por exemplo, é o reconhecimento de si mesmo como ser pensante que torna possível o reconhecimento do "outro" – Deus, o mundo ou as ideias matemáticas. Para Hegel, a diferença se choca contra a identidade no confronto entre tese e antítese para finalmente prevalecer a identidade com a afirmação da síntese dialética. Com o conceito de *estrutura*, porém, essa hierarquia é invertida: a diferença se torna originária e a identidade é dela derivada.

---

3 Os conceitos apresentados nesta seção se baseiam em Foucault (1999), Gadotti (1995), Carvalho (2008) e Almeida (2016).

Na primeira metade do século XX, a maioria dos estudos linguísticos se situava no campo da filologia, ou seja, explicava o significado das palavras com base na história da evolução da linguagem. Era utilizado, portanto, um **recorte diacrônico**, levando-se em conta as transformações ocorridas na linguagem ao longo do tempo. Saussure inverteu essa prioridade ao adotar um **recorte sincrônico**, ou seja, uma análise que considera a linguagem como um sistema estruturado de significantes (palavras) e no qual o significado de cada termo não é explicado com base em suas origens históricas, mas em sua **posição diferencial** em um sistema de signos. Nesse sentido, a palavra *gato*, por exemplo, assume determinado significado por ser diferente de *mato*, *tato*, *jato*, *gasto* etc. Em síntese, é por meio da diferença que uma palavra adquire sua identidade (Eagleton, 1997).

O modelo linguístico inaugurado por Saussure ficou conhecido como *estruturalismo* e ultrapassou o âmbito da linguística, sendo incorporado por outros campos, como a antropologia, a psicanálise e a filosofia. O antropólogo Claude Lévi-Strauss, por exemplo, interpretou as relações de parentesco de sociedades tribais em termos linguísticos, sendo que as mulheres permutadas de um clã a outro eram comparadas a sinais dotados de significados. Era como se em cada aliança de casamento fosse transmitida uma mensagem de uma sociedade a outra. Tais mensagens tinham significado exatamente pelo fato de se situarem em um sistema estruturado de símbolos.

No campo da filosofia, destaca-se o francês Michel Foucault (1926-1984), que escreveu importantes obras de cunho estruturalista, como a *História da loucura*, *O nascimento da clínica*, *A arqueologia do saber*, *As palavras e as coisas*, *Vigiar e punir* e *História da sexualidade*. Assim como outros pensadores estruturalistas, Foucault advoga que existem estruturas inconscientes que determinam o que um indivíduo ou uma comunidade historicamente localizada podem ou não pensar. Uma boa forma de ilustrar essa questão é o comentário do filósofo sobre uma fictícia enciclopédia chinesa:

> *Esse texto cita "uma certa enciclopédia chinesa" onde está escrito que "os animais se dividem em: a) pertencentes ao imperador; b) embalsamados; c) domesticados, d) leitões, e) sereias, f) fabulosos, g) cães em liberdade, h) incluídos na presente classificação, i) que se agitam como loucos, j) inumeráveis, k) desenhados com um pincel muito fino de pelo de camelo, l) et cetera, m) que acabaram de quebrar a bilha, n) que de longe parecem moscas". No deslumbramento dessa taxonomia, o que de súbito atingimos, o que, graças ao apólogo, nos é indicado como o encanto exótico de um outro pensamento, é o limite do nosso: a impossibilidade patente de pensar isso.* (Foucault, 1999, p. 9)

A classificação aqui apresentada é tão estranha que simplesmente o leitor não consegue pensar o mundo animal de acordo com essas categorias. Elas fazem parte de outro universo conceitual.

Para Foucault, **a história do pensamento é a história da sucessão de formações discursivas** – conjuntos de conceitos e de vocabulário característicos de uma época ou de uma comunidade e que são incomensuráveis, isto é, não podem ser compreendidos por alguém que não participe daquela formação discursiva. Por isso, para esse pensador, o progresso é um mito. A psiquiatria ou a medicina, por exemplo, não evoluíram; o que aconteceu foi a substituição de uma estrutura de pensamento por outra. O psiquiatra moderno não compreende a loucura de forma mais

Michel Foucault

aprimorada que psiquiatras de outras épocas; ele simplesmente se serve de um conjunto de conceitos com base nos quais hoje se concebe a loucura, conjunto este que difere daqueles empregados em épocas passadas. Se você estiver achando isso tudo muito estranho, saiba que o pensamento de Foucault é tão diferente do convencional que até mesmo especialistas às vezes se sentem desconcertados!

> Veja a seguir que implicações interessantes Foucault é capaz de desenvolver com base nessas premissas básicas.

Empregando conceito de *disciplina* ou *poder disciplinar*, Foucault identifica estruturas comuns a instituições sociais tão diversas como o hospício, o hospital, o exército, as prisões e a escola. No hospital psiquiátrico, a cura da loucura consiste em fazer do louco um indivíduo dócil e útil. A docilidade é um objetivo político, pois visa produzir um sujeito que não desafie a autoridade. A utilidade, por sua vez, é um objetivo econômico: esse mesmo sujeito deve desempenhar algum tipo de atividade produtiva. Uma vez dócil e útil, o louco pode retornar à sociedade, integrando-se a ela. Todavia, para que no hospício se produza esse indivíduo disciplinado, é preciso esquadrinhar o espaço – cada lugar do hospital psiquiátrico é destinado a uma função – e garantir a existência de relações de poder pautadas na possibilidade do castigo: duchas de água fria, eletrochoques, confinamento etc. Esse poder, porém, não é visto como uma coisa, algo que se controla, mas como uma prática social que se imiscui por todos os poros do tecido social (Machado, 1988).

Na instituição escolar, é possível encontrar muitos dos elementos estruturais que Foucault havia identificado no hospício, especialmente no que se refere ao poder disciplinar empregado na produção de seres dóceis e úteis. Ainda como no hospício, a questão do saber está intimamente associada à do poder: o poder exercido pelo professor é validado pelo seu saber e vice-versa. Na escola, Foucault identifica também um aspecto privilegiado para outra característica comum a hospícios e prisões: a classificação.

> *A ordenação por fileiras, no século XVIII, começa a definir a grande forma de repartição dos indivíduos na ordem escolar: filas de alunos na sala, nos corredores, nos pátios; colocação atribuída a cada um em relação a cada tarefa e cada prova; colocação que ele obtém de semana em semana, de mês em mês, de ano em ano; alinhamento das classes de idade umas depois das outras; sucessão dos assuntos ensinados, das questões tratadas segundo uma ordem de dificuldade crescente. E nesse conjunto de alinhamentos obrigatórios, cada aluno segundo sua idade, seus desempenhos, seu comportamento, ocupa ora uma fila, ora outra; ele se desloca o tempo todo numa série de casas; umas ideais, que marcam uma hierarquia do saber ou das capacidades, outras devendo traduzir materialmente no espaço da classe ou do colégio essa repartição de valores ou dos méritos. Movimento perpétuo onde os indivíduos substituem uns aos outros, num intervalo escondido por espaços alinhados.* (Foucault, 1987, p. 26-27)

Segundo Foucault, a classificação dos alunos pode atingir altos níveis de sofisticação, levando-se em consideração fatores como porte físico, temperamento, higiene pessoal e fortuna dos pais. Esse olhar classificador do professor e de demais autoridades escolares permitiu superar o sistema tradicional, no qual só um aluno trabalhava com o professor, enquanto os demais ficavam na ociosidade. A partir do fim do século XVIII e início do XIX, a produção do saber adquiriu mais racionalidade e produtividade, mesmo porque a sociedade em geral adotou esse padrão. No mundo laboral, por exemplo, predominavam a divisão e a especialização do trabalho – cada empregado executava uma função específica, situado em um lugar determinado. Desse modo, a escola preparava o aluno ou, melhor dizendo, adestrava-o para esse novo tipo de organização do espaço e da ação humana que estava surgindo (Foucault, 1987).

> Você não precisa aceitar tudo o que Foucault enuncia sobre a educação, mas essa é certamente uma forma desafiadora de pensar as teorias e práticas educacionais!

A análise foucaultiana não oferece uma proposta pedagógica, mas uma descrição minuciosa da estrutura e dos dispositivos envolvidos na instrução escolar em diversas épocas da história, de forma não normativa. Em outras palavras, o pensador francês evidencia como a escola opera, mas não como deveria operar, pois isso implicaria emitir juízos de valor situados em um discurso em particular, válidos não por si mesmos, mas somente como funções desse discurso. Ou seja, para Foucault, não é possível falar a verdade sobre a escola, pois a verdade é produção de um sistema de regras que definem um lugar de fala. Por isso, seria um erro falar de uma pedagogia foucaultiana. O pensamento desse historiador e filósofo, portanto, inspira dois tipos de análise:

- a primeira seria diretamente inspirada por Foucault, sem a pretensão de propor métodos para melhorar o cenário atual, já que os conceitos *melhor* e *pior* são posicionais, isto é, dependem de quem fala e de onde e quando se fala;
- a segunda seria propositiva, mas somente indiretamente inspirada pelo pensamento foucaultiano.

No pensamento pedagógico brasileiro, os trabalhos de Alexandre Filordi de Carvalho e de Jonas Rangel de Almeida são exemplos do primeiro tipo de abordagem. Em uma tese de doutorado intitulada *Da sujeição às experiências da construção de si na função-educador: uma leitura focaultiana*, Carvalho (2008) pensa os processos de subjetivação como mutáveis em relação aos campos de experiência histórica, tendo como referencial o conceito de *função-educador*. Nesse sentido, o estudioso evidencia as insuficiências das estratégias discursivas forjadas pelo pensamento ocidental, como as noções de objetividade, universalidade e verdade, e procura elaborar um diagnóstico da educação empregando o método genealógico de Foucault. Trata-se, sobretudo, de uma análise conceitual e de problematização, que, nas palavras de Carvalho (2008, p. 2), não busca "respostas acabadas nem soluções para os dilemas atuais da educação". Almeida (2016), por sua vez, em uma dissertação de mestrado intitulada *Política, resistência e vida na função-educador*, inspira-se no trabalho de Carvalho e, em especial, no conceito de *função-educador: contribuições de Foucault* para refletir especificamente sobre o domínio da política e a forma como as relações de poder se articulam com a atividade docente. Novamente, mais do que a proposição de um norte pedagógico, a pesquisa visa, sobretudo, à compreensão e à problematização intelectual sobre um campo prático. É claro que Carvalho e Almeida tocam no tema da ética e, como não poderia deixar de ser, estabelecem uma distinção entre o que é e o que deveria ser a prática pedagógica. Mesmo assim, qualquer proposta de metodologia do ensino fica em segundo plano em relação à análise puramente teórica.

Outro autor importante que trabalhou com o pensamento de Foucault é Maurício Tragtenberg (1929-1998), cujos escritos sobre a educação são bastante propositivos. A grande diferença entre ele e os foucaultianos ditos *puros*, como Carvalho e Almeida, é que Tragtenberg se apropria da filosofia do teórico francês somente até certo ponto. Inspirado pela leitura de Foucault, o estudioso destaca a existência de um poder disciplinar, que incide na escola muitas vezes de forma análoga ao processo de disciplinarização realizado em outras instituições, como o hospício, o hospital, a prisão ou o exército. Em todas elas, há relações de poder que disciplinam o comportamento por meio da possibilidade de punições e por um aparato de vigilância que, em última instância, visa à produção de corpos dóceis e úteis. No caso específico da escola, existiria uma rede de micropoderes que produz um contexto no qual o saber se transforma em mercadoria e onde tanto discentes quanto docentes competem com os colegas para a obtenção de resultados. Os educandos estudam com vistas ao alcance de certo desempenho nas avaliações, que em geral refletem os interesses da sociedade e não os deles mesmos. Os educadores, por sua vez, buscam atividades que lhes garantam uma pontuação para ascender na carreira, colocando os objetivos do ensino em segundo plano.

Com base nessas constatações, subsidiadas pelos conceitos foucaultianos, Tragtenberg se afasta do filósofo francês ao apresentar propostas de mudanças nas práticas pedagógicas. Com um referencial teórico libertário, apoiado em pensadores anarquistas como Mikhail Bakunin (1814-1876) e Francisco Ferrer Guardia (1859-1909), Tragtenberg propõe que se substituam os atuais modelos de educação, que ele julga demasiadamente autoritários, por um modelo fundamentado nas reais necessidades dos alunos. Em vez de produzir corpos disciplinados para o mercado de trabalho, a educação escolar deveria promover a aquisição de um saber que tornasse os alunos autônomos e solidários. Até mesmo a administração escolar, hierarquicamente estruturada, deveria ser substituída por um modelo de autogestão.

5.4
Apreciação crítica sobre a fenomenologia, o existencialismo e o estruturalismo

Neste capítulo, explicamos que os filósofos contemporâneos têm se dividido quanto à questão liberdade/necessidade. Para a fenomenologia e para o existencialismo, o ser humano é radicalmente livre, e mais do que isso: seu ser é definido graças a seu livre-arbítrio. São as decisões que um indivíduo toma ao longo de sua vida que o fazem ser quem ele é. Já os filósofos estruturalistas negam ou reduzem a um mínimo a importância da liberdade humana. O fator determinante, para eles, é a estrutura que ultrapassa o indivíduo e impõe limites para o que ele pode pensar ou fazer. Isso fica claro em Foucault, para quem existe um poder disciplinar que se dissemina em todos os níveis da sociedade, mas que não pode ser identificado com nenhum indivíduo em particular. O pensador francês entende o poder como uma prática fluida, o que impossibilita que alguém seja reponsabilizado por qualquer ato. Aliás, o autor não faz juízos de valor, eximindo-se de afirmar se a realidade que analisa é boa ou má. Se a liberdade é colocada de lado, a responsabilidade dela decorrente também não pode ser levada em consideração. E sem responsabilidade não há como julgar uma pessoa ou instituição, seja de forma positiva, seja de forma negativa.

Síntese

Neste capítulo, você estudou aspectos gerais de três grandes abordagens no campo da filosofia da educação: a fenomenologia, o existencialismo e o estruturalismo. A fenomenologia surgiu a partir da crítica do filósofo alemão Edmund Husserl ao psicologismo e nega a possibilidade de um conhecimento objetivo, tendo em vista que os atos mentais são sempre subjetivos. Após demonstrar que os psicologistas confundiam o ato de conhecimento com seu objeto, Husserl desenvolveu um método de análise que busca alcançar um conhecimento objetivo por meio da descrição do conteúdo das vivências e, para tanto, resgatou o conceito medieval de *intencionalidade do intelecto*. Nessa análise, concebe-se o sujeito de conhecimento – e, por extensão, o educando no processo de aprendizagem – como um ser ativo, cujo intelecto tende aos objetos de conhecimento. No pensamento pedagógico brasileiro, há propostas de reformulação curricular que defendem a relação direta dos conteúdos trabalhados na escola com as vivências intencionais dos alunos. Destacam-se nessa área os estudos de Henrique Nielsen Neto (1988) e Maria Aparecida Viggiani Bicudo (2003), entre outros.

O existencialismo se constituiu como um desdobramento da fenomenologia. Martin Heidegger, por exemplo, buscou desenvolver uma análise fenomenológica fundada em uma consideração atenta do ser humano em sua condição existencial última, isto é, como ser para a morte. Partindo das ideias heideggerianas, o filósofo francês Jean-Paul Sartre definiu de forma mais nítida os contornos da filosofia existencialista, de acordo com a qual a existência humana precede a essência, o que equivale a afirmar que o ser humano está constantemente fazendo a si mesmo por meio de suas livres escolhas. Revelam-se aspectos da filosofia existencialista em importantes educadores brasileiros, como Paulo Freire e Rubem Alves. No primeiro, por exemplo, encontramos o pressuposto existencialista de que a existência precede a essência, condição para uma prática pedagógica libertadora. Para o segundo, por sua vez, observa-se uma constatação de cunho existencialista da falta de sentido da prática pedagógica tradicional.

Em oposição à tese existencialista, que afirma a radicalidade da liberdade humana, o estruturalismo tende à minimização ou mesmo à negação dessa liberdade. Para o antropólogo estruturalista Claude Lévi-Strauss, por exemplo, o pensamento humano é determinado por estruturas inconscientes. Para Foucault, o sujeito é um efeito do discurso. Nesse sentido, a educação é exercida conforme as práticas sociais que a constituem, como a hierarquização, as relações de poder, o esquadrinhamento do espaço e a produção de indivíduos politicamente dóceis e economicamente úteis. Alguns educadores brasileiros, como Alexandre Filordi de Carvalho e Jonas Rangel de Almeida, enfatizam o aspecto analítico da abordagem foucaultiana da educação, enquanto outros, como Maurício Tragtenberg, utilizam a análise de Foucault como alicerce para uma crítica do modelo tradicional de ensino, propondo sua superação em moldes libertários.

Indicações culturais

Filmes

BLOW-UP – Depois daquele beijo. Direção: Michelangelo Antonioni. Reino Unido/Itália: Metro-Goldwyn-Mayer, 1966. 111 min.

O filme retrata uma série de situações vividas por um fotógrafo, as quais despertam o seguinte questionamento fenomenológico: O que se vê (ou o que é captado pela lente do fotógrafo) é de fato real?

SOCIEDADE dos Poetas Mortos. Direção: Peter Weir. EUA: Buena Vista Pictures, 1989. 128 min.

Um professor recém-chegado a uma escola propõe questões existenciais a seus alunos de literatura, mudando o modo como eles veem a vida e o mundo.

Livros

MACHADO DE ASSIS, J. M. Conto de escola. São Paulo: Cosac Naify, 2002.

Trata-se de uma pequena história escrita por um dos mais célebres autores da literatura do Brasil. O conto narra um episódio do cotidiano de uma escola no século XIX e termina com uma profunda reflexão sobre o sentido da vida.

SPARK, M. Uma escola para a vida. Rio de Janeiro: Ediouro, 2005.

Trata-se de um romance sobre um professor que trabalha em uma escola nada convencional e passa por uma crise existencial.

Artigo

BURSTOW, B. A filosofia sartreana como fundamento da educação. Educação e Sociedade, Campinas, ano 21, n. 70, p. 103-126, abr. 2000. Disponível em: <http://www.scielo.br/pdf/es/v21n70/a07v2170.pdf>. Acesso em: 6 mar. 2017.

Nesse artigo, a autora procura discernir a possibilidade de uma filosofia da educação em Sartre a despeito da ideia generalizada de que a visão de relações humanas nesse autor é por demais restritiva.

Resenha

VEIGA-NETO, A. Foucault e a educação. Resenha de: MOREIRA, A. F. B. O pensamento de Foucault e suas contribuições para a educação. Educação e Sociedade, Campinas, v. 25, n. 87, p. 611-615, maio/ago. 2004. Disponível em: <http://www.scielo.br/pdf/es/v25n87/21471.pdf>. Acesso em: 4 mar. 2017.

Essa resenha refere-se ao livro de Veiga-Neto, autor que apresenta de forma sintética algumas das principais implicações da filosofia foucaultiana para as teorias e práticas pedagógicas.

Atividades de autoavaliação

1. Assinale com V as afirmativas verdadeiras e F as falsas:

    ( ) A fenomenologia surgiu como uma tentativa de afirmar a legitimidade da psicologia diante dos ataques empreendidos pela filosofia, que negava a subjetividade do conhecimento.

    ( ) O existencialismo surgiu na mesma época em que a fenomenologia, embora essas correntes tenham pouco ou nada em comum.

    ( ) O estruturalismo afirma radicalmente a liberdade humana.

    ( ) O existencialismo nega radicalmente a liberdade humana.

    Marque a alternativa que indica a sequência correta:
    a) V, V, V, F.
    b) V, F, V, V.
    c) V, V, V, V.
    d) F, F, F, F.

2. Leia atentamente as proposições a seguir:
    I. Ao conceber o método fenomenológico, Husserl se baseia no conceito de *intencionalidade*, trabalho iniciado por Franz Brentano, seu professor.

II. Na obra *Ser e tempo*, Heidegger busca delimitar a compreensão do ser em geral com base em uma análise fenomenológica do ente que pensa o ser, isto é, o homem.

III. O legado de Sartre para a filosofia da educação é extremamente problemático em virtude das várias e conflitantes interpretações que têm sido feitas de sua obra.

IV. Para Foucault, a história do pensamento é a história da sucessão de formações discursivas – conjuntos de conceitos e de vocabulário característicos de uma época ou uma comunidade e que são incomensuráveis, isto é, não podem ser compreendidos por alguém que não participe daquela formação discursiva.

Estão corretas apenas as afirmativas:

a) I, II, III e IV.
b) II, III e IV.
c) I, II e III.
d) I, II e IV.

3. Considerando a abordagem fenomenológica da educação, assinale a alternativa correta:

a) Ao afirmar o caráter passivo do sujeito no processo de conhecimento, a fenomenologia reforça a tendência progressista na educação.

b) O conceito de *intencionalidade*, tal como apresentado por Husserl, permite que se conceba a educação como um processo em que se toma consciência da realidade de forma crítica.

c) Ao tomar consciência de si, em uma perspectiva fenomenológica, o sujeito se fecha em si mesmo, tornando a aprendizagem impossível.

d) Em uma perspectiva fenomenológica, o aprendizado ocorre de forma não problemática, uma vez que produz a negação da subjetividade.

4. A respeito da abordagem existencialista da educação, assinale a alternativa correta:

   a) Existe amplo consenso entre os comentadores de que uma concepção pedagógica concebida em moldes existencialistas é impossível.

   b) Uma pedagogia existencialista entende a aprendizagem como um processo de condicionamento que pode e deve reduzir a liberdade humana a um mínimo possível.

   c) Para o pensamento existencialista, o ser humano está constantemente construindo a si mesmo por meio de suas escolhas, por isso a educação deve visar à liberdade humana.

   d) Na visão de Sartre, o ser humano é concebido como um fantoche movido por estruturas inconscientes, sendo que o papel da educação é o de reforçá-las.

5. Sobre a abordagem estruturalista da educação, assinale a alternativa correta:

   a) Existem estruturas inconscientes que determinam o que um indivíduo ou uma comunidade historicamente localizada podem ou não pensar.

   b) O estruturalismo se baseia na afirmação da identidade sobre a diferença, enfatizando, assim, o papel do livre-arbítrio na formação do indivíduo.

   c) O binômio docilidade/utilidade utilizado por Foucault para pensar o hospital psiquiátrico é considerado por esse autor como incompatível com a estrutura da escola.

d) Foucault, ao analisar a escola, indica formas de controle social, como duchas de água fria, eletrochoques e confinamento.

6. Leia o excerto a seguir e assinale a alternativa correta:

> Educadores, onde estarão? Em que covas terão se escondido? Professores, há aos milhares. Mas professor é profissão, não é algo que se define por dentro, por amor.
>
> Educador, ao contrário, não é profissão; é vocação. E toda vocação nasce de um grande amor, de uma grande esperança.
>
> Profissões e vocações são como plantas. Vicejam e florescem em nichos ecológicos, aquele conjunto precário de situações que as tornam possíveis e – quem sabe? – necessárias. Destruído esse habitat, a vida vai se encolhendo, murchando, fica triste, mirra, entra para o fundo da terra, até sumir. (Alves, 1982, p. 11)

a) O texto faz referência à distinção que Rubem Alves faz entre educadores e professores: estes seriam profissionais e burocratas, enquanto aqueles seriam verdadeiros vocacionados.

b) Nessa citação, Rubem Alves evidencia sua vinculação ao tecnicismo, ao argumentar em favor do ensino profissionalizante.

c) Para Rubem Alves, a educação básica deveria ser norteada pelo estudo da ecologia.

d) De acordo com Rubem Alves, é necessário que o educador se limite a sua atividade profissional, evitando qualquer vínculo afetivo com os alunos.

Atividades de aprendizagem

Questões para reflexão

1. De que modo a fenomenologia auxilia a pensar a questão do ensino-aprendizagem?

2. O existencialismo promove uma educação humanista ou anti-humanista? Justifique sua resposta.

3. Explique o conceito de *classificação* para Foucault aplicado à escola.

Atividade aplicada: prática

Componha um quadro comparativo sobre as principais características da fenomenologia, do existencialismo e do estruturalismo.

6.

O pragmatismo e a filosofia analítica

No cotidiano, é comum as pessoas usarem a lógica muitas vezes sem perceberem que o fazem. Quando faz um cálculo matemático ou quando decide fazer um curso de Pedagogia, o sujeito estabelece uma série de relações mentais, isto é, pensa de forma lógica. Como domínio da filosofia, a lógica foi desenvolvida na Antiguidade por Aristóteles, que explicitou suas regras. No entanto, até meados do século XIX, muito pouco havia sido acrescentado a esse domínio.

No fim do século XIX e início do século XX, muitos filósofos retomaram as reflexões sobre essa disciplina, descobrindo que ainda havia nela muito a ser explorado. Como resposta a essa demanda, surgiu uma nova corrente filosófica, o **pragmatismo**, fundada por um grupo de filósofos americanos. Entre os nomes mais representativos dessa corrente estão **William James** (1842-1910), **John Dewey** (1859-1952) e **Charles Sanders Peirce** (1839-1914). A preocupação desses pensadores com a linguagem e com as questões lógicas dela decorrentes inspiraram a nova abordagem filosófica.

A questão da linguagem, contudo, não foi apenas um novo tema de especulação filosófica, mas a mais marcante reorientação da filosofia no século XX, definindo todo um novo campo de investigação filosófica: a **filosofia analítica**.

Neste capítulo, versaremos sobre alguns aspectos dessas vertentes filosóficas e suas implicações para a filosofia da educação.

6.1
O pragmatismo[1]

Como afirmamos nos capítulos anteriores, a busca da verdade, na filosofia moderna, exigia a identificação de um fundamento imutável, com base no qual fosse possível afirmar que algo é falso ou verdadeiro. Em outras palavras, era preciso encontrar um ponto de vista acima e além das opiniões parciais e subjetivas.

Descartes, por exemplo, julgou encontrar tal fundamento na evidência da existência de si mesmo; Rousseau argumentava em

---

[1] Os conceitos apresentados nesta seção se baseiam em Dewey (1980) e Teixeira (1952).

favor da "natureza humana"; Kant via a possibilidade de distinguir entre o bem e o mal por meio de um princípio abstrato, que ele chamava de *imperativo categórico*; Hegel entendia que a verdade se dá na autoconsciência do "espírito" que se torna "absoluto"; Marx e Engels identificavam o fundamento da verdade na estrutura econômica da sociedade. Enfim, cada filósofo identificava um fundamento diferente do outro e o consenso era, portanto, impossível. Já outros filósofos, como Arthur Schopenhauer (1788-1860) e Friedrich Nietzsche (1844-1900), simplesmente abandonaram a ideia de fundamento, orientando-se para o relativismo dos conceitos e dos valores. Na sequência, vamos examinar algumas interpretações contemporâneas dessa questão.

Para os pragmatistas Peirce, James e Dewey, a verdade em si mesma é inatingível pelo intelecto humano, pois não há como o sujeito se situar "fora da realidade" para avaliá-la objetivamente. O homem sempre interpreta suas experiências com base nos conhecimentos, valores, crenças e preconceitos individuais; assim, diante da mesma situação, os indivíduos se posicionam de formas distintas e, às vezes, até conflitantes.

O fato de esses pensadores afirmarem a relatividade dos conceitos e dos valores não os torna necessariamente relativistas. Os pragmatistas conseguem escapar do relativismo absoluto argumentando que o único critério possível são as consequências práticas que determinada ideia ou ação pode produzir.

De modo geral, os pragmatistas concordam que **a verdade não é imutável**, isto é, a concepção daquilo que um indivíduo considera verdade hoje pode mudar graças a fatores práticos que alterem seu ponto de vista. William James é mais radical: acredita que a verdade pode mudar de uma época para outra ou de uma pessoa para outra. Charles Peirce, por sua vez, que foi professor de James e sua principal fonte de inspiração filosófica, evita essa posição extrema. Para ele, o conhecimento teórico deve ser testado na prática, a fim de que se demonstre sua validade, mas isso não significa que a ideia de verdade deva se conformar a cada situação ou problema em particular (Peirce, 2005). John Dewey, nesse sentido, aproxima-se mais de Peirce. Segundo o filósofo, afirmar que algo é verdadeiro significa afirmar que algo é confiável em cada situação concebível.

Dewey foi o filósofo pragmatista que mais se dedicou à questão da educação. Ele desenvolveu uma versão particular de pragmatismo que chamava de ==instrumentalismo==. O que o filósofo desejava indicar é que o pensamento humano não consiste em uma esfera isolada e independente das relações que o sujeito estabelece com o mundo. Ao contrário: o pensamento é um instrumento por meio do qual o sujeito se relaciona com as coisas e com as pessoas ao seu redor. Assim como um marceneiro usa ferramentas – serrote, martelo, trena, pregos etc. – em sua relação com a madeira, as pessoas usam o pensamento como intermediário entre si e a realidade com a qual se relacionam.

John Dewey

Você, por exemplo, é um ser que pensa antes de agir, e é isso que o identifica como ser humano, animal racional.

Segundo Dewey, a relação com o meio pode ser congruente ou incongruente. No primeiro caso, tudo está bem, o indivíduo está satisfeito e não há necessidade de mudança. No segundo, uma mudança no meio exige uma ação para trazer congruência à relação com o meio. Tomemos um exemplo bem simples: a temperatura está agradável, mas começa a cair. À medida que o frio aumenta, a relação com o meio, que era congruente, torna-se incongruente. Para restabelecer a congruência, a pessoa executa uma ação: colocar um agasalho. Outro exemplo: um indivíduo tem um gasto mensal maior que sua renda, o que é incongruente; para resolver esse problema, a pessoa usa seu pensamento para planejar cortes no orçamento doméstico, a fim de estabelecer uma congruência entre o que ganha e o que gasta. Assim, o pensamento é orientado para a resolução de problemas, e a principal função da educação é preparar a pessoa para usar o pensamento adequadamente (Cunha, 1994).

Para Dewey, o grande problema do sistema educacional de sua época é que os alunos saíam da escola sem o adequado preparo para a vida. Ao insistir na repetição e na memorização de fórmulas prontas, a escola levava os alunos a respostas automatizadas que tinham pouca ou nenhuma relação com o dia a dia pessoal ou laboral. Segundo Dewey (1980), a vida constantemente desafia o homem com problemas, que devem ser resolvidos com base nos mesmos padrões de pensamento que conduzem a investigação científica. O cientista identifica um problema e levanta hipóteses para resolvê-lo. O homem comum faz o mesmo. Por exemplo: se alguém ouve um alarme de incêndio dentro de um prédio, olha ao redor para tentar identificar as possíveis saídas. Em outras palavras, faz um levantamento de hipóteses com o intuito de resolver o problema: o de sair de um prédio em chamas.

A escola, ao fornecer soluções prontas por meio de fórmulas a serem decoradas, mas não necessariamente compreendidas, cria um mundo artificial onde tudo é dado pronto de antemão. Para superar esse modelo, Dewey propõe a transformação da sala de aula em uma comunidade de investigação científica. Em outros termos, sua proposta é a de apresentar problemas para que os alunos, por si mesmos, busquem soluções. Desse modo, a aprendizagem tem em vista as consequências práticas dos conteúdos trabalhados e está em sintonia com a vida dos educandos.

> O pragmatismo teve uma influência marcante na história da educação nacional, principalmente na década de 1930. Nesse período, vários intelectuais brasileiros, como Fernando de Azevedo (1894-1974), Anísio Teixeira (1900-1971) e Lourenço Filho (1897-1970) buscaram inspiração nas ideias de Dewey. Talvez o aspecto mais importante da filosofia desse autor para os intelectuais brasileiros tenha sido sua insistência na formação dos educandos para uma sociedade democrática. Depois de um longo período de regime oligárquico, os educadores da década de 1930 viam no pragmatismo de Dewey um sólido fundamento teórico para suas aspirações políticas. É possível perceber, pois, como é importante estudar o pensamento de Dewey para compreender melhor a história da educação no Brasil, não é mesmo?

Anísio Teixeira foi um dos principais intelectuais da educação no Brasil, com papel central no movimento dos Pioneiros da Educação Nova, que combatia tanto a herança pedagógica jesuíta quanto o positivismo pedagógico. Fazia isso em prol de uma concepção escolanovista da educação nacional. A Escola Nova é uma tendência pedagógica que enfatiza o papel do aluno como agente do processo de ensino-aprendizagem e que define o professor como **facilitador** desse processo. Teixeira teve formação jurídica na Faculdade de Direito da Universidade do Rio de Janeiro e colou o grau de bacharel em Direito em 1922; em 1924, atuava como inspetor de ensino na Bahia. Até então, seu discurso era ainda bastante marcado pelo positivismo, que estava fortemente presente no meio jurídico. Entretanto, após um período de estudos nos Estados Unidos, em 1928, o educador tomou contato com as ideias pedagógicas de Dewey e mais tarde procurou adaptá-las à realidade educacional brasileira. Tal como o pensador estadunidense, Teixeira propunha que a educação estivesse orientada para a vida dos alunos, criticando o autoritarismo e os aspectos arcaicos da educação tradicional. Em seu discurso de posse como presidente do Instituto Nacional de Pedagogia (atualmente Instituto Nacional de Estudos Pedagógicos Anísio Teixeira – Inep), Teixeira comparou a educação brasileira desfavoravelmente em relação aos sistemas educacionais de países desenvolvidos:

> *Mas, enquanto alguns desses povos avançados, começando mais cedo, ainda nos vagares do século dezenove, que, a rigor, se estendem até 1914, puderam realizar a imensa tarefa da educação popular pela escola, deparando-se, agora, com o problema da revisão, direção e refinamento dessa instituição, não chegamos nós a criar um sistema comum e sólido de educação popular, e já as contingências de crescimento nos estão a pedir medidas e instituições como as das leis do trabalho urbano e rural – que deviam assentar em um robusto e consistente sistema de educação pública. Temos, assim, de realizar, simultaneamente, as "reformas de base", inclusive a reforma agrária, e o sistema universal de educação que não chegamos a construir até hoje, já no meado do século vinte.* (Teixeira, 1952)

Anísio Teixeira criticava, acima de tudo, o caráter dualista da educação brasileira, herdado dos jesuítas e mantido pelos positivistas, que separava, de um lado, a educação para as elites e, de outro, a educação popular. A educação, na concepção do educador, deveria ser a mesma para todos, pois do contrário só serviria para a manutenção do elitismo, do autoritarismo e da desigualdade social na sociedade brasileira. Assim, ele se tornou um ferrenho defensor do ensino público, gratuito e de qualidade para todos. Entre outros aspectos, Teixeira teve um papel importante na formulação do *Manifesto dos Pioneiros da Educação Nova*, lançado em 1932 e assinado por importantes intelectuais da época. De acordo com o documento, a educação deveria ser responsabilidade da família e do Estado. Dessa forma, sutilmente se criticavam a ingerência da Igreja Católica e a existência de colégios internos, nos quais as crianças eram mantidas afastadas de suas famílias.

Nos anos 1970 e 1980, o pensamento de Anísio Teixeira sofreria duras críticas por parte de intelectuais de esquerda, que condenavam a inspiração estadunidense de suas ideias pedagógicas, acusando-o de promover uma educação de caráter liberal e individualista. Os atuais estudos de história da educação, porém, tendem a resgatar os méritos do pensamento de Teixeira, que precisam ser devidamente contextualizados. Esse educador tinha plena consciência de que não podia simplesmente importar as ideias de Dewey, pois os Estados Unidos já desenvolviam instituições democráticas desde a época da independência daquele país, ou mesmo antes, segundo a análise de Tocqueville, um importante historiador francês do século XIX, em uma obra intitulada *A democracia na América*. No Brasil, pelo contrário, o autoritarismo da monarquia foi substituído pelo autoritarismo da chamada *República dos Coronéis*. Em outras palavras, enquanto Dewey propunha uma educação que aprimorasse instituições sociais já existentes nos Estados Unidos, Anísio Teixeira pensava a educação como força transformadora que agiria contra as instituições antidemocráticas no Brasil. Longe de meramente copiar ideias estrangeiras, Teixeira procurava adaptá-las à realidade nacional, chegando até mesmo a criticar a mentalidade individualista e tecnicista de muitas propostas escolanovistas e a defender o papel da filosofia e da arte na prática pedagógica.

6.2
A filosofia analítica[2]

Certamente, você já teve a oportunidade de constatar como a lógica está presente em seu dia a dia. O que dizer, então, do uso da linguagem no cotidiano? Trata-se de algo ainda mais evidente, não é? Quando alguém fala, está usando uma forma de linguagem, assim como quando gesticula ou dá significado às coisas.

No século XX, uma das grandes reviravoltas no campo da filosofia foi ocasionada pelo surpreendente impacto das **teorias da linguagem**. Sob a influência de estudos linguísticos, muitos filósofos se voltaram para a linguagem como fundamento para o pensamento em geral e a filosofia em particular, tendência que ficou conhecida como *virada linguística* e que definiu um campo de investigação filosófica chamado *filosofia analítica*, que se desdobra em duas vertentes: o **positivismo lógico** e a **filosofia linguística**.

Ludwig Wittgenstein

Para os pensadores de ambas as vertentes, o objeto da filosofia não é a realidade, mas a linguagem, isto é, o discurso sobre a realidade não linguística. O positivismo lógico se limita ao estudo do discurso científico, ao passo que a filosofia linguística toma como objeto de investigação filosófica a linguagem em geral.

---

2 Os conceitos apresentados nesta seção se baseiam em Wittgenstein (1995) e Ghiraldelli Júnior (2002).

Como não se trata propriamente de uma escola filosófica, mas de um movimento muito amplo na filosofia, é grande o número de obras e autores representativos da filosofia analítica. Podemos ressaltar a importância do filósofo austríaco **Ludwig Wittgenstein** (1889-1951), pois suas duas principais obras, *Tractatus logico-philosophicus* e *Investigações filosóficas*, podem ser consideradas os grandes marcos do positivismo lógico e da filosofia linguística, respectivamente.

> Na primeira fase de seu pensamento, Wittgenstein é profundamente influenciado pelos sistemas de lógica desenvolvidos pelo filósofo britânico Bertrand Russell (1872-1970) e pelo matemático e filósofo alemão Gottlob Frege (1848-1925). Wittgenstein (1999) afirma que pensamento e linguagem são atividades indissociáveis, sendo impossível pensar algo que não possa ser dito. Em razão disso, ele argumenta, contra a tradição metafísica moderna, que o mundo não pode ser pensado como uma totalidade de objetos, mas como uma totalidade de fatos. Desse modo, os objetos não têm existência em si, mas na relação uns com os outros, nos fatos.

Para Wittgenstein (1995), a linguagem, tendo uma função designativa e comunicativa, estabelece a correspondência entre o mundo e o pensamento por meio da figuração. Uma vez que o mundo é entendido por ele como a totalidade dos fatos, a unidade mínima de sentido na linguagem não é a palavra, que designa um objeto isolado (algo impensável para esse autor), mas a frase, isto é, a expressão correspondente a uma figuração que, por sua correspondência estrutural a um determinado estado de coisas, representaria um fato, uma relação entre objetos.

Entretanto, não se deve pensar que primeiramente existem os objetos para depois existirem os fatos – a existência do objeto é dependente da relação que ele estabelece com outros objetos em um estado de coisas. Primeiramente, pensa-se a relação e somente depois é possível referir-se aos objetos da relação. Essa concepção já havia sido esboçada por Frege, o qual argumentou que, em uma proposição, o predicado só tem sentido na frase, e não isoladamente. Wittgenstein radicalizou essa ideia, afirmando que também o sujeito só ganha sentido em sua relação com o predicado.

Na teoria linguística exposta por Wittgenstein no livro *Tractatus logico-philosophicus* (1995), os fatos, assim como os enunciados que os figuram, podem ser **atômicos** ou **complexos**. Um enunciado atômico é aquele que apresenta uma unidade mínima de sentido, unindo um sujeito a um predicado, e que pode ser considerado verdadeiro (se corresponde ao fato concreto ao qual se refere) ou falso (se tal correspondência não se verifica). Se um indivíduo afirma, por exemplo, que Sócrates é filósofo, existem duas possibilidades: ou Sócrates é realmente filósofo e o enunciado é verdadeiro, ou Sócrates não é filósofo e o enunciado é falso.

Existem casos ainda mais complexos. Se uma pessoa afirma, por exemplo, que o atual rei da França é careca, esse enunciado não pode ser verdadeiro, pois a França atualmente não tem rei. No entanto, se o enunciador se limita a atestar que tal enunciado é falso, o interlocutor pode pensar que na França há atualmente rei, mas que ele não é careca. Nesse caso, trata-se de um enunciado que engana, pois ele tem a aparência de um enunciado atômico, quando, na verdade, é complexo, pois atesta dois fatos distintos: primeiro, que a França tem rei e, segundo, que esse rei é careca.

A concepção de linguagem de Wittgenstein mudou radicalmente anos mais tarde, com a escrita de sua segunda grande obra, intitulada *Investigações filosóficas*. O pensamento do estudioso nessa primeira fase inspirou o **Círculo de Viena**, um grupo de filósofos de orientação neopositivista representado principalmente por Moritz Schlick (1882-1936) e Rudolf Carnap (1891-1970), cuja filosofia se baseava no princípio de que a experiência é a única fonte de conhecimento e na primazia da análise desenvolvida pela lógica simbólica. Para esses filósofos, o conhecimento válido pode ser puramente lógico, como no caso da matemática, ou empírico, como no caso das ciências naturais. Os conceitos metafísicos, por se referirem a objetos que não podem ser verificados pela experiência (Deus, alma, ser etc.), tornam-se destituídos de significado, isto é, são conceitos vazios. O propósito maior dessa corrente de pensamento, portanto, é o de desenvolver uma linguagem precisa, livre de ambiguidades e adequada ao pensamento científico (Chaves, 2014).

Depois do *Tractatus*, por um longo período, a produção escrita de Wittgenstein foi diminuta. Isso faz sentido, pois, embora a argumentação do livro seja clara e rigorosa, vai contra as próprias convicções de Wittgenstein, uma vez que não se trata nem de lógica pura, nem de fatos comprovados empiricamente. E, como ele mesmo afirma na obra, "sobre aquilo que não podemos falar, devemos ficar calados" (Wittgenstein, 1968, p. 129). Porém, em *Investigações filosóficas*, seu segundo livro, publicado após sua morte, Wittgenstein se contrapôs a muitas das principais ideias expostas em sua primeira obra, principalmente no que toca à importância da linguagem cotidiana, que ele anteriormente havia tratado com desprezo, considerando-a inferior ao discurso científico[3].

A ideia de que o significado de uma palavra é definido pelo seu uso na linguagem constitui um dos mais importantes *insights*

---

3 As expressões *linguagem cotidiana* e *linguagem comum*, utilizadas aqui, correspondem àquilo que a maioria dos comentadores de Wittgenstein em língua portuguesa chama de *linguagem ordinária*. Embora se trate de uma tradução perfeitamente aceitável do inglês (*ordinary language*), há duas ressalvas a serem feitas: em primeiro lugar, a palavra *ordinária*, em português, pode assumir uma conotação pejorativa, significando algo ruim, um sentido que a palavra inglesa *ordinary* não comunica; em segundo lugar, as expressões *linguagem cotidiana* e *linguagem comum* nos parecem mais de acordo com a expressão equivalente em alemão, *philosophie der normalen sprache*, a língua materna de Wittgenstein.

de Wittgenstein em *Investigações filosóficas*. Em vez de representarem uma coisa ou uma ideia de modo generalizante, as palavras adquirem significado nos contextos específicos em que são empregadas. Desse modo, em vez de se restringir aos exemplos de frases da lógica tradicional – proposições, questões e comandos –, Wittgenstein se refere a um conjunto maior de possibilidades, que ele chama de **jogos de linguagem**: relatar um evento, especular sobre um acontecimento, formar e testar hipóteses, atuar em uma peça teatral, cantarolar, adivinhar charadas, contar piadas, traduzir, pedir, agradecer, entre inúmeros outros exemplos.

Nessa segunda fase, a filosofia de Wittgenstein inspirou, na filosofia analítica, uma corrente conhecida como *filosofia linguística*, que, diferentemente do positivismo lógico, não desvaloriza a linguagem comum em favor da linguagem científica. Ao contrário, autores representativos dessa corrente, como John Langshaw Austin (1911-1960) e John Rogers Searle (1932-), argumentam que a fala não é simplesmente o meio pelo qual o homem expressa ideias – ela é, além disso, a forma pela qual ele age no mundo.

Em uma cerimônia de casamento, por exemplo, quando respondem "sim" aos votos, o noivo e a noiva não estão simplesmente comunicando sua intenção de se casar; eles estão efetivamente se casando. Se, no dia anterior ao do casamento, o casal fizesse um ensaio com todos os participantes da cerimônia, as falas dos noivos, do ministro, do padrinho etc. seriam as mesmas, mas eles não estariam realizando um casamento; estariam apenas ensaiando.

Mas o que distingue uma situação da outra? Se as falas são as mesmas, por que os significados são diferentes? Segundo Austin (1990) e Searle (1981), é o contexto no qual as expressões vocais são pronunciadas que lhes confere sentido. A mesma fala em duas situações diferentes pode ter significados também diferentes.

É o fato de os falantes se situarem no mesmo contexto e partilharem do mesmo conjunto de códigos que lhes permite entender e agir adequadamente em cada situação.

A filosofia analítica, seja na vertente do neopositivismo, seja na vertente da filosofia linguística, tem implicações para a filosofia da educação, ainda que de modo indireto. Uma interpretação de caráter analítico exige mais consciência e rigor no uso dos conceitos. Conforme Paulo Ghiraldelli Júnior (2002, p. 42), filósofo da educação brasileiro,

> *muito do que se fez em filosofia da educação nos países de língua inglesa no período de 1950 a 1970 foi inspirado direta ou indiretamente pela busca de análise de conceitos e linguagem educacionais. [...] A motivação básica desse trabalho vinha da crença de que a linguagem ordinária guardava uma preciosidade de significado ainda não percebido porque não analisado.*

Essas implicações da filosofia analítica para o pensamento pedagógico são particularmente evidentes nos escritos de **Richard Rorty** (1931-2007), filósofo estadunidense que se vincula também à tradição pragmatista norte-americana, sobre a qual versaremos a seguir.

6.3
O pragmatismo e a filosofia analítica em Richard Rorty[4]

No início de sua trajetória acadêmica, Richard Rorty se situava claramente na vertente analítica da filosofia, como constatamos em sua tese de doutorado e em seu primeiro livro, *A virada*

---

[4] Os conceitos apresentados nesta seção se baseiam em Rorty (1979, 1994, 1989) e Moser (2000).

linguística (*The linguistic turn*, escrito em 1964), publicado pelo filósofo americano na condição de organizador. Nessa obra, Rorty (1979) reuniu ensaios de importantes teóricos no intuito de discutir questões filosóficas com base tanto no positivismo lógico quanto na filosofia linguística. Entretanto, com o passar do tempo, o estudioso assumiu cada vez mais uma postura pragmatista, invocando Dewey como sua principal influência filosófica.

A conjunção do caráter pragmatista com o analítico é particularmente evidente em sua obra mais conhecida: *A filosofia e o espelho da natureza*, escrito em 1979. Nesse livro, Rorty (1994) critica a tradição filosófica moderna, especialmente a teoria do conhecimento de inspiração kantiana. Remetendo-se a Dewey, o pensador americano questiona a ideia de um sujeito de pensamento autônomo, que faz da própria razão o fundamento da verdade e da objetividade.

Richard Rorty

A tese defendida no livro *A filosofia e o espelho da natureza* é a de que a separação entre o que é dado na experiência e o que é acrescentado pela mente (ou a distinção entre o contingente e o necessário) diz respeito a uma concepção antiquada e equivocada de como ocorre o conhecimento. No lugar de uma filosofia da representação, que toma os atos mentais como um espelhamento da realidade exterior, Rorty propõe um modelo mais flexível e aberto às contribuições dos estudos linguísticos que vieram a lume no século XX. Explicitamos a seguir a originalidade dessa percepção.

Nesse novo modelo, que Rorty chama de *behaviorismo epistemológico*, o conhecimento não é uma tentativa de espelhar a natureza, mas o resultado de uma prática linguístico-social desempenhada em um contexto específico. Em uma passagem um tanto longa, mas que vale a pena ser reproduzida na íntegra, Rorty assim se refere à sua concepção de behaviorismo epistemológico:

> *A questão não é a da adequação da explicação do fato, mas antes se a uma prática de justificação pode ser dada, de fato, uma "base". A questão não é se o conhecimento humano de fato tem "fundamentos", mas se faz sentido sugerir que os tem – se a ideia de autoridade epistêmica ou moral tendo uma "base" na natureza é coerente. Para o pragmático em moral, a afirmação de que os costumes de uma dada sociedade são "baseados na natureza humana" não é uma afirmação sobre a qual ele saiba argumentar. Ele é pragmático porque não consegue ver como seria o fato de um costume ser embasado dessa forma. [...] dizer que a verdade e o conhecimento somente podem ser julgados pelos padrões inquiridores de nossa própria época não é dizer que o conhecimento humano é menos nobre ou importante, ou mais "amputado do mundo" do que havíamos pensado. É apenas dizer que nada conta como justificação a não ser por referência ao que já aceitamos, e que não há maneira de sairmos fora [sic] de nossas crenças e de nossa linguagem para encontrar algum teste que não a coerência.* (Rorty, 1994, p. 183)

Rorty apresenta um interessante conjunto de reflexões sobre a educação em um texto intitulado *Education as Socialization and Individualization* (*Educação como socialização e como individualização*, de 1989). Nesse texto, o filósofo estadunidense argumenta que tanto a direita quanto a esquerda partem do pressuposto de que existe uma íntima relação entre verdade e liberdade. A principal diferença é que os teóricos de direita priorizam a busca da verdade, argumentando que conhecê-la garante a liberdade, ao passo que os teóricos de esquerda alegam que a verdade está oculta, sufocada pelas estruturas de dominação, e que é preciso promover primeiramente a liberdade para que a verdade possa vir à tona.

No sistema educacional norte-americano primário e secundário, predomina uma visão de direita, que enfatiza o consenso e a socialização. Já no ensino superior, predomina uma visão de esquerda, preocupada com a afirmação das liberdades individuais. Socialização e individualização são, portanto, características da direita e da esquerda, respectivamente.

Rorty discorda de ambas as perspectivas, anunciando que a verdade não é dada de antemão nem é algo oculto, que espera para ser desvendado. Contudo, não há como deixar de perceber nesse texto a preferência do autor pela esquerda. E isso, segundo o estudioso, decorre de uma interpretação particular dos escritos de Dewey:

> *Eu tomo a mim mesmo, ao afirmar essas opiniões, como um seguidor razoavelmente fiel de John Dewey. A grande contribuição de Dewey para a teoria da educação foi a de nos ajudar a nos livrarmos da ideia de que a educação é uma questão de induzir ou deduzir a verdade. A educação primária e secundária será sempre uma questão de familiarizar os jovens com aquilo que os mais velhos tomam como sendo a verdade, seja ou não verdadeiro. A função dos níveis mais baixos de educação não é e nunca será a de desafiar o consenso predominante sobre o que seja a verdade. A socialização deve vir antes da individualização, e a educação para a liberdade não pode vir antes que algumas restrições tenham sido impostas. Mas, por razões muito diferentes, na educação superior não vocacional também não se trata de inculcar ou deduzir a verdade. É, ao invés, uma questão de incitar dúvidas e estimular a imaginação, desafiando assim o consenso predominante. Se a educação pré-universitária produz cidadãos letrados e a educação universitária produz*

indivíduos autocriativos, então as questões relativas a se os alunos estão aprendendo a verdade podem ser seguramente negligenciadas. (Rorty, 1989, tradução nossa)

Como você pode perceber, o modo como Rorty concebe a educação deriva da tradição pragmatista e, mais especificamente, da teoria de verdade associada a essa tradição. No entanto, é importante destacarmos que o pensamento desse estadunidense constitui uma tentativa séria de levar adiante a filosofia pragmatista à luz dos mais recentes desdobramentos no campo da lógica e da filosofia da linguagem.

O impacto da filosofia analítica, e mesmo o das ideias de Rorty, é relativamente modesto se comparado ao provocado por outras correntes filosóficas. Isso se deve, em parte, ao caráter altamente abstrato da especulação analítica, de modo que é muitas vezes difícil relacioná-la a contextos de prática pedagógica. Uma iniciativa importante foi a publicação de uma coletânea intitulada *Educação e Linguagem*, organizada por Jorge Nagle, com textos de diversos autores sobre temas de educação em que se adota uma perspectiva analítica. Além de escritos do próprio Nagle, nesse livro há textos de Péricles Trevisan, José Mário Pires Azanha, Carlos Eduardo Guimarães e Magda Becker Soares. A publicação foi resultado de uma reunião da Sociedade Brasileira para o Progresso da Ciência em Belo Horizonte, em 1975, e poderia ser pensado como marco incipiente de um movimento analítico na educação brasileira, porém o projeto infelizmente não teve continuidade. Algumas vezes, traçam-se paralelos entre a filosofia analítica e a tendência tecnicista que vigorou na educação brasileira durante a ditadura civil-militar. Entretanto, é mais fácil encontrar uma inspiração comum – o positivismo, com seu ideal de objetividade – do que propriamente uma relação direta entre filosofia analítica e tecnicismo. Em seu livro *História das ideias pedagógicas no Brasil*, Dermeval Saviani (2008, p. 384) chega a afirmar:

> *Vê-se, então, que pelo próprio caráter da concepção analítica, não é possível considerar a pedagogia tecnicista como consequência sua. Por aí se pode entender por que, em certas circunstâncias, os filósofos analíticos da educação podem mesmo assumir uma atitude de não concordância com certas proposições da pedagogia tecnicista. A afinidade entre elas situa-se não no plano das consequências, mas no plano dos pressupostos. Ambas se baseiam nos mesmos pressupostos de objetividade, racionalidade e neutralidade colocados como condição de cientificidade.*

Entre os comentadores brasileiros de Rorty, podemos mencionar as contribuições do filósofo e educador **Alvino Moser**, que parte dos conceitos de *ironia* e *solidariedade*, tais como concebidos por Rorty, para pensar o contexto educacional brasileiro. Por *ironia* entende-se uma atitude filosófica segundo a qual a verdade, como realidade imutável, é compreendida como algo que a inteligência humana não pode alcançar. Nesse sentido, deve-se substituir o critério de verdade, que na realidade é incomensurável, pelo de honestidade. Em outras palavras, mais importante do que procurar uma verdade imutável em um mundo de coisas transitórias é transmitir o conhecimento, por mais precário e transitório que ele seja, da maneira mais fidedigna possível.

Pensar a educação de uma maneira irônica seria, em primeiro lugar, reconhecer que "não há uma vontade política para resolver o problema da educação" (Moser, 2000, p. 5). Para Moser, ao mesmo tempo que se aguça a percepção de que o modelo de educação brasileiro visa ao favorecimento das elites, constroem-se discursos que não chegam a soluções viáveis, pois são baseados na crença em princípios eternos. Seria preciso, portanto, assumir um posicionamento irônico, como aquele proposto por Rorty, o qual permita o caráter circunstancial e contingente de qualquer discurso. O educador irônico poderia, assim, assumir uma atitude liberal capaz de superar a crueldade que se manifesta na prática educacional em três instâncias: (1) o sadismo na relação entre professor e aluno; (2) as exigências curriculares que tolhem a criatividade dos alunos; e (3) a imposição de um programa dirigido ao vestibular, sendo que nem todos seguirão os estudos superiores.

Um dos principais objetivos de uma educação irônica, de acordo com Moser, seria a **promoção da solidariedade**. A moral kantiana, alicerçada na razão, seria insuficiente para tanto, pois se baseia em um ideal de verdade absoluto e inalcançável. A solução seria a adoção de uma moral pragmatista, isto é, orientada pelas consequências práticas da ação humana. A solidariedade, assim concebida, demandaria um reconhecimento dos elementos comuns que permitem identificar uma comunidade, um "nós" em relação a um "eles", e desse modo fomentar a coesão dos membros dessa comunidade, que se tornam solidários uns em relação aos outros. Nas palavras de Moser, ser solidário é, conforme Rorty:

> *agir segundo a intenção e em relação a um "nós". Não se trata de um "nós" membros da raça humana, que se oponha aos animais, às plantas, a um "nós humanos" em geral, mas é um "nós" contingente, contextualizado, que se define e se diferencia em relação a "eles", que nos são diferentes e opostos. Trata-se "dos nossos" que são mais locais e mais restritos que a espécie humana.*
>
> *[...] A solidariedade humana é algo que se fabrica e não algo que se reconhece, pois é um produto da história e não um fato metafísico. Portanto, é algo que depende da educação. Contudo, convém não esquecer as advertências de SÓCRATES no Mênon: não se ensina a virtude; esse é um trabalho pessoal de cada um. O educador é como um parteiro.* (Moser, 2000, p. 9, grifo do original)

Há aspectos da educação para a solidariedade que poderiam ser interpretados como utópicos. Afinal, como a solidariedade não seria minada pelo comodismo e pelo anseio por privilégios? De acordo com Moser, esses empecilhos podem ser superados se a educação for além de discursos e sermões e estimular a sensibilidade dos alunos. Nesse sentido, a poesia e o cinema podem ser mais eficazes do que um discurso cientificista desprovido de sentimento.

6.4
Apreciação crítica sobre o pragmatismo e a filosofia analítica

A preocupação com a relação entre linguagem e pensamento não é novidade na história da filosofia. Pensadores do passado, como Platão, Aristóteles e Santo Agostinho já haviam se dedicado à análise dessa questão, com resultados muito significativos. Entretanto, a intensidade com que o tema da linguagem tem sido debatido nos dias de hoje não tem precedentes. A linguagem deixou de ser apenas um tema entre outros para tornar-se a grande questão filosófica, em torno da qual tudo o mais se articula. Mesmo pensadores não diretamente relacionados à tradição da filosofia analítica reconhecem a importância que o estudo da linguagem assumiu no cenário filosófico contemporâneo. Diante dessa situação, uma pergunta se mostra inevitável: Que rumos a filosofia da educação tomará de agora em diante?

É evidente que os problemas clássicos da filosofia continuarão a ser sempre atuais, objeto de contínuo debate. No entanto, se aceita a ideia de que o homem somente se relaciona com o mundo mediante a linguagem, entendida não apenas como fala e escrita, mas como toda expressão de conteúdo simbólico, então as reflexões filosóficas sobre a educação também devem levar em consideração esse pressuposto.

Devemos lembrar ainda que o pragmatismo, que aglutina de forma crítica as duas vertentes da filosofia analítica, encontra na obra de John Dewey sua principal fonte de inspiração. E Dewey não só se preocupou em superar o abismo existente entre a escola e a vida, mas também enfatizou a necessidade de a educação preparar os cidadãos para participarem de uma sociedade democrática. Isso mostra que a preocupação com a linguagem, longe de conduzir os debates filosóficos para níveis muito abstratos, aponta para a pertinência da filosofia quanto às questões mais importantes da vida humana.

Síntese

Neste capítulo, examinamos duas grandes vertentes da filosofia da educação – o pragmatismo e a filosofia analítica – e destacamos sua confluência no pensamento de um filósofo em particular: Richard Rorty.

O pragmatismo baseia-se no pressuposto de que não é possível estabelecer um fundamento absoluto para a verdade, pois os juízos do homem se encontram irremediavelmente comprometidos com seus valores, crenças, preconceitos etc. Nesse sentido, o único critério possível para se afirmar a verdade são as consequências práticas do enunciado. Isso torna a ideia de verdade mais frágil e relativa, mas, ao mesmo tempo, mais sintonizada com a vida.

Dos autores pragmatistas estudados, o mais relevante para a filosofia da educação é John Dewey. Para ele, a sala de aula deveria tornar-se uma comunidade de investigação científica, e o papel do professor não deveria ser o de lançar fórmulas prontas a serem decoradas, mas o de propor problemas a serem resolvidos pelos alunos. As propostas educacionais de Dewey serviram de inspiração para o movimento escolanovista no Brasil, representado principalmente por Anísio Teixeira, que criticava o autoritarismo da pedagogia tradicional e propunha uma educação para uma sociedade democrática.

Paralelamente ao pragmatismo, a filosofia do século XX conheceu uma importante renovação nos trabalhos dos filósofos de orientação analítica. Uma vertente da filosofia analítica, inspirada no *Tractatus* de Ludwig Wittgenstein, procurou desenvolver uma concepção de linguagem adequada ao pensamento científico, enquanto outra, inspirada na obra *Investigações filosóficas*, também de Wittgenstein, se interessou, sobretudo, pela linguagem do cotidiano.

Na esteira desse pensamento, Richard Rorty procurou basear-se na tradição analítica para pensar a questão da educação. Para o estudioso estadunidense, tanto o ensino primário quanto o secundário enfatizam a busca da verdade, acreditando que a liberdade é uma consequência, ao passo que a educação superior enfatiza a busca das liberdades individuais, na crença de que a verdade está oculta, mascarada pelas estruturas de dominação. Para Rorty, e de acordo com uma inspiração pragmatista, a questão da verdade pode ser negligenciada se houver atenção às consequências práticas do modelo adotado.

Um dos mais representativos comentadores das propostas educacionais de Rorty é Alvino Moser, para quem a teoria educacional brasileira deveria ser menos idealista e mais irônica, cabendo a ela estimular a sensibilidade dos alunos e fomentar a solidariedade.

Indicações culturais

Artigos

CHAVES, E. O. C. Um esboço de filosofia analítica da educação. Caverna Mineira, 22 jul. 2004. Disponível em: <http://www.cavernamineira.jex.com.br/educacao/um+esboco+de+filosofia+analitica+da+educacao>. Acesso em: 7 mar. 2017.

Trata-se de um texto bastante didático, que apresenta os principais conceitos da filosofia analítica num ótimo nível de profundidade, relacionando-a a questões propriamente pedagógicas.

GHIRALDELLI JUNIOR, P. Virada linguística: um verbete. 5 nov. 2007. Disponível em: <https://ghiraldelli.wordpress.com/2007/11/05/virada-linguistica-um-verbete/>. Acesso em: 7 mar. 2017.

Esse é um texto de caráter didático que explica a virada linguística na filosofia contemporânea.

VIERO, C. P.; TREVISAN, A. L.; CONTE, E. Filosofia da educação a partir do diálogo contemporâneo entre analíticos e continentais. Abstracta, v. 1, n. 1, p. 92-107, 2004. Disponível em: <http://www.abstracta.pro.br/english/journal/volume1number1/v1n1a7%20-%20vvaa%20-%20Filosofia%20da%20educa%C3%A7%C3%A3o.pdf>. Acesso em: 7 mar. 2017.

Nesse artigo, os autores tratam do impacto da filosofia analítica na educação, fundamentando-se nos principais escritos de Rorty e Habermas.

Atividades de autoavaliação

1. Leia atentamente as proposições a seguir:

    I. O pragmatismo se distingue das correntes filosóficas precedentes ao identificar o fundamento da verdade na estrutura econômica da sociedade.

    II. Para os pragmatistas, a verdade em si mesma é inatingível pelo intelecto humano, pois não há como o homem se situar "fora da realidade" para avaliá-la objetivamente.

    III. Para Dewey, o pensamento é orientado para a resolução de problemas, e a escola deve preparar os educandos para essa atividade.

    IV. O pragmatismo, apesar de sua influência considerável nos Estados Unidos e na Europa, teve uma repercussão mínima no meio intelectual brasileiro.

    Estão corretas apenas as afirmativas:

    a) II e III.
    b) III e IV.
    c) I e III.
    d) I, III e IV.

2. Assinale V nas afirmativas verdadeiras e F nas falsas:

    ( ) A filosofia analítica se divide em duas vertentes: o positivismo lógico e a filosofia linguística.

    ( ) Para Wittgenstein, a linguagem, por ter uma função designativa e comunicativa, estabelece a correspondência entre o mundo e o pensamento por meio da figuração.

    ( ) De acordo com a teoria dos atos da fala, de Austin e Searle, é o fato de os falantes se situarem no mesmo contexto e partilharem do mesmo conjunto de códigos que lhes permite entender e agir adequadamente em cada situação.

( ) Em sua obra mais conhecida, *A filosofia e o espelho da natureza*, Rorty tece uma crítica à tradição filosófica moderna, especialmente à teoria do conhecimento de inspiração kantiana.

Marque a alternativa que indica a sequência correta:

a) F, F, F, F.
b) V, V, V, V.
c) V, F, F, V.
d) V, F, V, V.

3. A respeito do pragmatismo e da filosofia analítica, considere as seguintes proposições:

I. Depois de um longo período de regime oligárquico, os educadores da década de 1930 viam no pragmatismo de Dewey um sólido fundamento teórico para suas aspirações políticas.

II. De acordo com a teoria da figuração de Wittgenstein, primeiramente existem os objetos, e só então se estabelece uma relação entre eles, dando origem aos fatos.

III. Filósofos analíticos como John Austin e John Searle argumentam que a fala é simplesmente um meio pelo qual o sujeito expressa ideias.

Agora, assinale a alternativa correta:

a) Somente a afirmativa I é verdadeira.
b) Somente a afirmativa II é verdadeira.
c) Somente a afirmativa III é verdadeira.
d) Nenhuma das afirmativas é verdadeira.

4. Leia o excerto a seguir, extraído de um texto de John Dewey sobre a teoria da educação, e assinale a alternativa correta:

> O treino é assim uma forma preliminar e incompleta de educação. Torna-se aqui necessário salientar que muitas das atividades chamadas educativas, a que forçamos as crianças, não vão além desse nível rudimentar.
>
> A educação verdadeira deve, porém, levar a criança para além dessa aquisição de certos modos visíveis e externos de ação, provocados por condições também duramente externas. A criança deve associar-se à experiência comum, modificando de acordo com ela seu estímulo interno, e sentindo, como próprio, o sucesso ou fracasso da atividade.
>
> É neste sentido que toda educação é social, sendo, como é, uma participação, uma conquista de um modo de agir comum. Nada se ensina, nem se aprende, senão através de uma compreensão comum ou de um uso comum.
>
> O fato da linguagem cria a ilusão de que se educa diretamente através de palavras. Se nada é mais falso, nada entretanto é mais consciente ou inconscientemente adotado na prática. (Dewey, 1980, p. 120).

a) Para John Dewey, a educação verdadeira se restringe à aquisição de certos modos visíveis e externos de ação.

b) Ao denunciar como ilusória a concepção de que se educa diretamente por meio de palavras, Dewey se mostra incompatível com os pressupostos da filosofia analítica.

c) Para Dewey, o treino não tem qualquer coisa a ver com o processo de educação.

d) Ao enfatizar o caráter social da educação, Dewey abre caminho para que se trate dela como forma de preparar o indivíduo para a vida numa sociedade democrática.

5. Leia o excerto a seguir e assinale a alternativa correta:

> A crítica a Dewey, feita por Rorty, gerou inconformismo. O que tal crítica afirmava é que Dewey tropeçou feio ao querer responder de modo positivo e epistemológico às questões sobre a verdade – em

geral as formuladas por Bertrand Russell. Elas simplesmente não deveriam ser respondidas, uma vez que o pragmatismo nada deveria dizer sobre a "natureza da verdade". O pragmatismo seria mais coerente ficando nos limites de uma descrição do uso do predicado "verdadeiro" em nossa linguagem. (Ghiraldelli Junior, 2005)

a) Segundo Ghiraldelli Junior, o principal propósito de Rorty era o de responder às questões colocadas por Bertand Russel.

b) De acordo com o texto, John Dewey teria ido contra os princípios do pragmatismo ao tentar elucidar a questão da verdade.

c) Para Ghiraldelli Junior, o pragmatismo é necessariamente incoerente e, por isso, fica nos limites de uma descrição do uso do predicado.

d) O texto apresenta uma defesa incondicional de Ghiraldelli Junior ao pragmatismo de Dewey.

6. A respeito da influência do pragmatismo e da filosofia analítica na educação brasileira, assinale a alternativa correta:

a) Um dos maiores adversários do pragmatismo de Dewey no Brasil foi o educador Anísio Teixeira, que propunha um ensino fundamentado no autoritarismo do professor e no tradicionalismo dos métodos pedagógicos.

b) O pragmatismo esteve completamente ausente do pensamento pedagógico brasileiro, não influenciando nenhum educador brasileiro de grande relevância.

c) O pragmatismo teve influência no *Manifesto dos Pioneiros da Educação Nova*, assinado por diversos intelectuais brasileiros, o qual propunha que a educação deveria ser responsabilidade da família e do Estado.

d) Para Alvino Moser, inspirado nas ideias de Richard Rorty, a educação brasileira deveria adotar uma moral kantiana, baseada em valores morais absolutos e atemporais.

Atividades de aprendizagem

Questões para reflexão

1. Explique a diferença entre a filosofia analítica e a filosofia linguística.

2. Comente a seguinte afirmação de Richard Rorty (1994, p. 183):

   > Dizer que a verdade e o conhecimento somente podem ser julgados pelos padrões inquiridores de nossa própria época [...] é apenas dizer que nada conta como justificação a não ser por referência ao que já aceitamos, e que não há maneira de sairmos fora [sic] de nossas crenças e de nossa linguagem para encontrar algum teste que não a coerência.

3. Explique de que forma a preocupação filosófica com a linguagem influencia o modo como a educação é concebida.

Atividade aplicada: prática

Releia este capítulo e anote os principais aspectos e características do positivismo lógico e da filosofia linguística, indicando as semelhanças e diferenças entre as duas correntes filosóficas. Você pode comparar, por exemplo, o modo como cada corrente interpreta a linguagem do cotidiano ou as principais fontes de inspiração de cada uma delas. Em seguida, reúna-se com um colega e simule um debate, no qual um de vocês tentará defender os posicionamentos da filosofia linguística e o outro defenderá os pressupostos do positivismo lógico.

Considerações finais

Nesta obra, expusemos alguns dos principais aspectos de importantes autores e correntes da filosofia e suas respectivas contribuições para o pensamento pedagógico. Restam, então, algumas perguntas: O pensamento filosófico, por vezes tão abstrato, tem dado alguma contribuição efetiva para a educação, um campo indissociavelmente ligado à prática? A filosofia da educação constitui realmente algo importante na formação do educador ou o estudo dessa disciplina se mostra simplesmente como uma perda de tempo?

De fato, essas questões inquietam estudantes de Pedagogia no mundo inteiro, e não totalmente sem razão. O nível altíssimo de abstração que alguns filósofos alcançam os torna às vezes distantes da realidade. Em muitas ocasiões, a filosofia assume um vocabulário tão complexo que certos filósofos acabam perdendo a capacidade de se comunicar com não filósofos ou, pelo menos, com aqueles não iniciados na filosofia. Esses casos, porém, constituem a exceção, e não a regra.

Como explicitamos ao longo deste livro, mesmo o pensamento filosófico mais complexo e mais abstrato é motivado, em última instância, por questões que dizem respeito àquilo que os filósofos consideravam ou consideram mais importante em suas vidas e na sociedade. A teoria sem a prática é inútil, mas, é preciso admitir, a prática sem a teoria é cega.

Muitas vezes a utilidade da filosofia é discutida nos seguintes termos: "O que a filosofia pode fazer por mim?". A pergunta mais adequada, no entanto, seria outra: "O que a filosofia pode fazer comigo?". Ao contrário de técnicas e métodos de ensino, a filosofia da educação conduz à reflexão crítica sobre os pressupostos mais básicos do pensar e do fazer pedagógico, pois, antes de se aventurar na carreira de educador, é necessário ter clareza sobre o que é, afinal, a educação e qual é o sentido da atividade educacional. A resposta para esse tipo de questionamento só pode ser dada com base em uma reflexão de cunho filosófico, que este livro procurou estimular, mas que cabe a todos os professores e professoras manter em seu horizonte de preocupações.

Glossário

Absolutista: Relativo ao absolutismo, sistema político no qual o governante assume poderes absolutos, como a monarquia francesa no século XVIII.

Alienação: Para o pensamento marxista, trata-se do processo no qual o ser humano se afasta de sua própria natureza e se torna alheio, estranho a si mesmo.

Bolchevique: Relativo ao Partido Operário Social-Democrata Russo nas primeiras décadas do século XX, que tinha Lênin como principal líder.

Burguesia: Classe social que, com o desenvolvimento do comércio na Idade Moderna, enriqueceu e passou a reivindicar liberdade e privilégios políticos.

Capitalista: Relativo ao capitalismo, sistema econômico fundamentado na propriedade privada e na generalização do trabalho assalariado.

Cartesiano: Relativo ao pensamento do filósofo francês René Descartes.

Civilização: Conjunto dos elementos materiais e culturais de um povo; a civilização pode ser entendida em oposição à natureza, na qual as coisas não dependem da ação humana, assim como em oposição à barbárie, em que a ausência de civilização leva à brutalidade.

Comunista: Relativo ao comunismo, organização social e econômica na qual a riqueza e a propriedade pertencem à coletividade; historicamente, a palavra *comunismo* designa o regime político e econômico da União Soviética, fundamentado na propriedade estatal dos meios de produção.

Dialética: Raciocínio que se dá por meio do confronto de ideias contraditórias, segundo o esquema formado por tese, antítese e síntese.

Dogmático: Algo que se afirma com certeza absoluta.

Empirismo: Corrente filosófica que afirma a primazia da experiência como fonte do conhecimento.

Epistêmico: Puramente intelectual ou cognitivo.

Epistemologia: Teoria do conhecimento.

Essência: Aquilo que é o mais fundamental de uma coisa, aquilo que a coisa é.

Ética: Parte da filosofia que se ocupa com a questão do dever e da moral.

Fenômeno: Aquilo que aparece à consciência de um sujeito de conhecimento.

Formação discursiva: Conceito desenvolvido por Foucault que corresponde ao conjunto de conceitos característicos de uma sociedade ou época em particular.

Idealismo: Corrente filosófica que prega a primazia da ideia, do pensamento, sobre a realidade material.

Ideário: Conjunto das principais ideias de um autor ou uma corrente de pensamento.

Ideologia: Conjunto de conhecimentos, crenças, valores etc. que constituem determinada visão de mundo; no pensamento marxista, a ideologia da classe dominante é assumida pela classe dominada, que se torna alienada.

Iluminismo: Movimento cultural e filosófico característico do século XVIII que afirmava a primazia da razão e combatia as diferentes formas de intolerância e superstição.

Instrumentalismo: Conceito associado à filosofia de John Dewey, que afirma ser o pensamento um meio utilizado pelo homem para se relacionar com o mundo.

Intencionalidade: Na fenomenologia, trata-se de um ato por meio do qual o sujeito tende (tenciona) a um objeto de conhecimento.

Materialismo: Corrente filosófica que afirma a primazia da matéria sobre o pensamento.

Metafísica: Parte da filosofia voltada a objetos que transcendem a experiência sensível, como o ser, Deus, o absoluto, a alma etc.

Método dedutivo: Raciocínio no qual, com base em premissas gerais, se atingem conclusões particulares.

Método indutivo: Raciocínio no qual, por meio de constatações particulares, se afirmam conclusões universais.

Mito: Relato fantástico ou sobrenatural por meio do qual se representam aspectos fundamentais da existência humana.

Naturalismo: Corrente filosófica que afirma a superioridade da natureza sobre a civilização e propõe a volta a uma existência natural.

Natureza: Conjunto de elementos que independem da ação humana ou não sofreram a ação dela.

Racionalismo: Corrente filosófica que afirma a primazia da pura razão no ato de conhecimento.

Relativismo: Corrente filosófica segundo a qual tudo é relativo e, portanto, a certeza e a objetividade são impossíveis.

Renascimento: Movimento cultural e filosófico do final da Idade Média e início da Idade Moderna que valorizava o ser humano e a cultura greco-romana.

Sofistas: Filósofos gregos antigos que se destacavam no uso e no ensino da retórica e da gramática, mas que eram muito criticados por Sócrates, Platão e Aristóteles por defenderem argumentos logicamente inconsistentes.

Referências

ALMEIDA, J. R. de. **Política, resistência e vida na função-educador**: contribuições de Foucault. 159 f. Dissertação (Mestrado em Educação) – Faculdade de Filosofia e Ciências da Universidade Estadual Paulista – Unesp, Marília, SP, 2016. Disponível em: <http://repositorio.unesp.br/bitstream/handle/11449/136438/almeida_jr_me_mar.pdf?sequence=3>. Acesso em: 4 mar. 2017.

ALTHUSSER, L. **Aparelhos ideológicos de Estado**: nota sobre os aparelhos ideológicos de Estado. 3. ed. Rio de Janeiro: Graal, 1985.

ALTHUSSER, L.; BALIBAR, É; ESTABLET, R. **Ler O capital**. Rio de Janeiro: Zahar, 1980. v. 2.

ALVES, R. **Conversas com quem gosta de ensinar**. São Paulo: Cortez; Autores Associados, 1982. (Coleção Polêmica do Nosso Tempo).

ARISTÓTELES. **Metafísica**. Porto Alegre: Globo, 1969.

ATALLAH, C. C. A. Luis Antônio Verney e as reformas culturais portuguesas: uma questão pedagógica. **Vértices**, v. 8, n. 1/3, p. 55-66, jan./dez. 2006. Disponível em: <http://essentiaeditora.iff.edu.br/index.php/vertices/article/viewFile/1809-2667.20060004/51>. Acesso em: 24 fev. 2017.

AUSTIN, J. **Quando dizer é fazer**. Tradução de Danilo Marcondes de Sousa Filho. Porto Alegre: Artes Médicas, 1990.

BACON, F. **Novum organum ou verdadeiras indicações acerca da interpretação da natureza**. São Paulo: Abril Cultural, 1979.

BAIARDI, D. C. **Conhecimento, evolução e complexidade na filosofia sintética de Herbert Spencer**. 146 f. Dissertação (Mestrado em Filosofia) – Universidade de São Paulo, São Paulo, 2008. Disponível em: <http://www.teses.usp.br/teses/disponiveis/8/8133/tde-10022009-125210/pt-br.php>. Acesso em: 2 mar. 2017.

BARNES, J. **Aristóteles**. São Paulo: Loyola, 2005.

BICUDO, M. A. V. A formação do professor: um olhar fenomenológico. In: BICUDO, M. (Org.). **Formação de professores?** Da incerteza à compreensão. Bauru: Edusc, 2003. p. 7-46.

BOEHNER, P.; GILSON, E. **História da filosofia cristã**. 8. ed. Petrópolis: Vozes, 2003.

BRENTANO, F. **Psychology from an Empirical Standpoint**. London: Routledge & Kern Paul, 1973.

BURSTOW, B. A filosofia sartreana como fundamento da educação. **Educação & Sociedade**, Campinas, ano 21, n. 70, p. 103-126, abr. 2000. Disponível em: <http://www.scielo.br/scielo.php?script=sci_arttext&pid=S0101-73302000000100007&lng=pt&nrm=iso>. Acesso em: 6 mar. 2017.

CARVALHO, A. F. de. **Da sujeição às experiências de si na função-educador**: uma leitura foucaultiana. 204 f. Tese (Doutorado em Educação) – Universidade Estadual de Campinas, Campinas, 2008. Disponível em: <http://www.bibliotecadigital.unicamp.br/document/?code=000422483>. Acesso em: 4 mar. 2017.

CHÂTELET, F. (Org.). **História da filosofia**. Lisboa: Dom Quixote, 1995. v. 3.

CHAUI, M. de S. **Convite à filosofia**. São Paulo: Ática, 1994.

_____. **O que é ideologia?** 11. ed. São Paulo: Brasiliense, 1983.

CHAVES, E. O. C. Um esboço de filosofia analítica da educação. **Caverna Mineira**, 22 jul. 2004. Disponível em: <http://www.cavernamineira.jex.com.br/educacao/um+esboco+de+filosofia+analitica+da+educacao>. Acesso em: 7 mar. 2017.

COHEN-SOLAL, A. **Sartre**: uma biografia. Porto Alegre: L&PM, 2005.

COMTE, A. **Curso de filosofia positiva. Discurso sobre o espírito positivo. Discurso preliminar sobre o conjunto do positivismo. Catecismo positivista**. Seleção de textos de José Arthur Giannotti. Tradução de José Arthur Giannotti e Miguel Lemos. São Paulo: Abril Cultural, 1978. (Coleção Os Pensadores).

CRESCENZO, L. de. **História da filosofia moderna**: de Descartes a Kant. Tradução de Mario Fondelli. Rio de Janeiro: Rocco, 2007.

CUNHA, M. V. da. **John Dewey**: uma filosofia para educadores em sala de aula. Petrópolis: Vozes, 1994.

DEWEY, J. **Experiência e natureza**. **Lógica**: a teoria da investigação. **A arte como experiência**. **Vida e educação**. **Teoria da vida moral**. Tradução de Murilo Otávio Rodrigues Paes Leme, Anísio S. Teixeira, Leônidas Gontijo de Carvalho. São Paulo: Abril Cultural, 1980. (Coleção Os Pensadores).

DURKHEIM, E. **A evolução pedagógica**. Porto Alegre: Artes Médicas, 1995.

____. **Educação e sociologia**. São Paulo: Melhoramentos, 1978.

EAGLETON, T. **Teoria da literatura**: uma introdução. São Paulo: M. Fontes, 1997.

FOUCAULT, M. **As palavras e as coisas**: uma arqueologia das ciências humanas. Tradução de Salma Tannus Muchail. 8. ed. São Paulo: M. Fontes, 1999.

____. **Vigiar e punir**: nascimento da prisão. Petrópolis: Vozes, 1987.

FREIRE, M. **A paixão de conhecer o mundo**. Rio de Janeiro: Paz e Terra, 1983.

FREITAG, B. **Escola, Estado e sociedade**. São Paulo: Centauro, 2007.

GADOTTI, M. **História das ideias pedagógicas**. São Paulo: Ática, 1993.

____. **Pensamento pedagógico brasileiro**. 6. ed. São Paulo: Ática, 1995.

GHIRALDELLI JUNIOR, P. (Org.). **O que é filosofia da educação?** Rio de Janeiro: DP&A, 2002.

____. Rorty: a andorinha solitária que faz verão. **Revista Cult**, n. 97, nov. 2015. Disponível em: <http://revistacult.uol.com.br/home/rorty-a-andorinha-solitaria-que-faz-verao/>. Acesso em: 7 mar. 2017.

GILLES, T. R. **História do existencialismo e da fenomenologia**. São Paulo: EPU/Edusp, 1975.

GRAMSCI, A. **Cadernos do cárcere**. Tradução de Carlos Nelson Coutinho. Rio de Janeiro: Civilização Brasileira, 2000. v. 2: Os intelectuais. O princípio educativo. Jornalismo.

____. **Quaderni del carcere**. Turim: Einaudi, 1975.

HEGEL, G. W. F. **Fenomenologia do espírito**: Parte I. Petrópolis: Vozes, 1992a.

____. **Fenomenologia do espírito**: Parte II. Petrópolis: Vozes, 1992b.

HEIDEGGER, M. **Ser e tempo**: Parte I. 12. ed. São Paulo: Vozes, 2002.

HOBSBAWM, E. O que os historiadores devem a Karl Marx? In: ____. **Sobre história**. São Paulo: Companhia das Letras, 1998. p. 155-170.

HUSSERL, E. **Investigações lógicas**: sexta investigação – elementos de uma elucidação fenomenológica do conhecimento. São Paulo: Abril Cultural, 1980.

KRAUT, R. **Platão**. São Paulo: Ideias & Letras, 2013.

LE BLANC, C. L. **Kierkegaard**. São Paulo: Estação Liberdade, 2003.

MACHADO, R. **Ciência e saber**: a trajetória da arqueologia de Michel Foucault. 2. ed. Rio de Janeiro: Graal, 1988.

MARX, K. **Manuscritos econômico-filosóficos**. São Paulo: M. Claret, 2002.

MARX, K.; ENGELS, F. **Marx/Engels**. São Paulo: Ática, 1989. (Grandes Cientistas Sociais).

MOREIRA, J.; ROSA, M. de S. T. Jean-Paul Sartre e Paulo Freire: aproximações entre a liberdade existencialista e a educação libertadora. **Revista Contrapontos**, v. 14, n. 3, p. 407-424, set./dez. 2014. Disponível em: <siaiap32.univali.br/seer/index.php/rc/article/download/5276/pdf_44>. Acesso em: 4 mar. 2017.

MOSER, A. Educação e solidariedade em Richard Rorty. **Akrópolis**, Umuarama, v. 8, n. 1, p. 3-12, 2000. Disponível em: <http://revistas.unipar.br/index.php/akropolis/article/view/1773/1540>. Acesso em: 7 mar. 2017.

NAGLE, J. (Org.). **Educação e linguagem**. São Paulo: Edart, 1976.

NIELSEN NETO, H. **Filosofia da educação**. São Paulo: Melhoramentos, 1988.

NOSELLA, M. de L. C. D. **As belas mentiras**: a ideologia subjacente aos textos didáticos. São Paulo: Moraes, 1985.

OLIVEIRA, A. S. de et al. **Introdução ao pensamento filosófico**. São Paulo: Loyola, 1993.

PEIRCE, C. S. **Semiótica**. São Paulo: Perspectiva, 2005.

PLATÃO. **A República**. Tradução de Maria Helena da Rocha Pereira. 8. ed. Lisboa: Fundação Calouste Gulbenkian, 1995.

RORTY, R. **A filosofia e o espelho da natureza**. 2. ed. Rio de Janeiro: Relume-Dumará, 1994.

_____. **Education as Socialization and Individualization**. 1989. Disponível em: <http://www.greatbooksojai.com/the-agora-foundation_rorty_education_as_socialization_and_as_individualization.pdf>. Acesso em: 12 abr. 2017.

_____. **The Linguistic Turn**. Chicago: University of Chicago Press, 1979.

ROSSI, W. G. **Capitalismo e educação**: contribuição ao estudo crítico da economia da educação capitalista. 2. ed. São Paulo: Cortez e Moraes, 1980.

ROUANET, S. P. **As razões do Iluminismo**. São Paulo: Companhia das Letras, 1987.

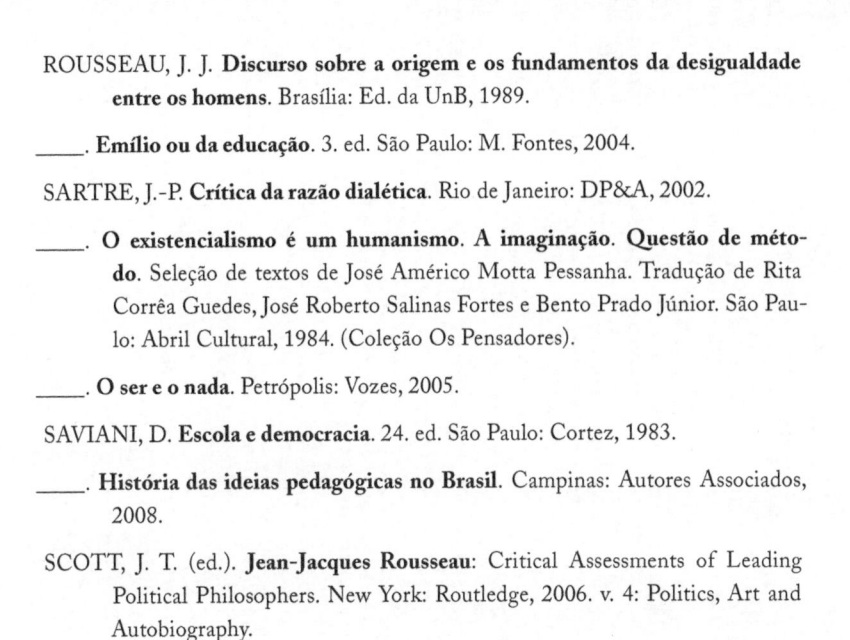

ROUSSEAU, J. J. **Discurso sobre a origem e os fundamentos da desigualdade entre os homens**. Brasília: Ed. da UnB, 1989.

____. **Emílio ou da educação**. 3. ed. São Paulo: M. Fontes, 2004.

SARTRE, J.-P. **Crítica da razão dialética**. Rio de Janeiro: DP&A, 2002.

____. **O existencialismo é um humanismo. A imaginação. Questão de método**. Seleção de textos de José Américo Motta Pessanha. Tradução de Rita Corrêa Guedes, José Roberto Salinas Fortes e Bento Prado Júnior. São Paulo: Abril Cultural, 1984. (Coleção Os Pensadores).

____. **O ser e o nada**. Petrópolis: Vozes, 2005.

SAVIANI, D. **Escola e democracia**. 24. ed. São Paulo: Cortez, 1983.

____. **História das ideias pedagógicas no Brasil**. Campinas: Autores Associados, 2008.

SCOTT, J. T. (ed.). **Jean-Jacques Rousseau**: Critical Assessments of Leading Political Philosophers. New York: Routledge, 2006. v. 4: Politics, Art and Autobiography.

SEARLE, J. **Os atos da fala**. Coimbra: Almedina, 1981.

SILVA, N. M. D. da. Positivismo no Brasil. **Filosofia em Revista**, São Luís, v. 2, n. 2, p. 37-47, 1985. Disponível em: <goo.gl/G8MkFm>. Acesso em: 12 abr. 2017.

SPENCER, H. **Educação intelectual, moral e física**. Porto: Lello & Irmão, 1927.

STAROBINSKI, J. **Jean-Jacques Rousseau**: a transparência e o obstáculo. Tradução de Maria Lúcia Machado. São Paulo: Companhia das Letras, 1991.

TEIXEIRA, A. Discurso de posse do Professor Anísio Teixeira no Instituto Nacional de Estudos Pedagógicos. **Revista Brasileira de Estudos Pedagógicos**, v. 17, n. 46, p. 69-79, 1952. Disponível em: <http://www.bvanisioteixeira.ufba.br/artigos/discurso2.html>. Acesso em: 6 mar. 2017.

TUCKER, R. C. **The Marx-Engels Reader**. New York: W. W. Norton, 1978.

VEDERNAL, R. A filosofia positiva de Auguste Comte. In: CHÂTELET, F. (Org.) **História da filosofia**. Lisboa: Dom Quixote, 1995. v. 3. p. 87-119.

VIROLI, M. **Jean-Jacques Rousseau and the Well-Ordered Society**. Cambridge: Cambridge University Press, 1998.

WITTGENSTEIN, L. **Investigações filosóficas**. São Paulo: Nova Cultural, 1999.

____. **Tractatus logico-philosophicus**. São Paulo: Edusp, 1995.

____. ____. São Paulo: Companhia Editora Nacional, 1968.

Bibliografia comentada

GADOTTI, M. **História das ideias pedagógicas**. São Paulo: Ática, 1993.

Esse livro reúne uma variedade de pequenos textos sobre educação de autores ocidentais influentes, da Antiguidade até o final do século XX. Os textos são agrupados em grandes temas e organizados em ordem cronológica. A obra constitui um ótimo material para o desenvolvimento de atividades sobre a filosofia da educação.

GHIRALDELLI JÚNIOR, P. (Org.). **O que é filosofia da educação?** São Paulo: DP&A, 2002.

Trata-se de uma coletânea de textos na área de filosofia da educação que versam sobre vários temas. Como envolve uma diversidade de autores, a coletânea não tem a unidade característica de uma obra didática, mas os textos são escritos com profundidade e competência, o que faz a leitura valer a pena.

OLIVEIRA, A. S. de. et al. **Introdução ao pensamento filosófico**. São Paulo: Loyola, 1993.

Embora o título desse livro já indique seu caráter introdutório, o leitor não deve se enganar: os temas são tratados em um nível de profundidade maior que o da média das obras do gênero, mas sempre com uma linguagem clara e agradável. Na compilação, há um texto dedicado especificamente à filosofia da educação.

Respostas

Capítulo 1

Atividades de autoavaliação

1. c
2. b
3. a
4. d
5. c
6. c

Atividades de aprendizagem

Questões de reflexão

1. Semelhanças: Ambos apresentam a preocupação de explicar a relação entre realidade e pensamento e entendem que a razão é o fundamento último da verdade.

    Diferenças: Para Platão, o conhecimento é derivado da recordação de uma vida passada, na qual a alma habitava uma esfera superior, enquanto, para Aristóteles, o conhecimento deriva da experiência por meio de um processo de abstração.

2. O cristianismo impôs limites sobre o que as pessoas da época poderiam ou não pensar (isto é, não poderiam colocar-se contra a doutrina da Igreja). Por outro lado, a religião cristã estimulava o pensamento filosófico ao propor questões que a filosofia antiga desconhecia.

3. Para Kant, o conhecimento não procede nem da pura razão, nem da pura experiência, mas resulta da ação combinada de ambas, na forma de juízos sintéticos *a priori*.

Capítulo 2

Atividades de autoavaliação

1. d
2. c
3. d
4. c
5. d
6. b

Atividades de aprendizagem

Questões para reflexão

1. Voltaire se encontra mais em sintonia com o ideário iluminista em geral, pois, em sua obra, evidenciam-se as principais características do Iluminismo, como a valorização da razão e do ideal burguês, assim como uma crítica à Igreja e ao regime monárquico absolutista. Rousseau

também se encontra em sintonia com a filosofia do Iluminismo, mas há alguns aspectos não iluministas em seu pensamento, principalmente a defesa de um modelo aristocrático de educação.

2. Voltaire criticava o ensino livresco, característico da aristocracia, e propunha uma educação mais voltada para as necessidades do dia a dia.

3. Rousseau propunha uma educação na qual o aluno crescesse em isolamento, de modo a não corromper seu caráter com os vícios da civilização.

Capítulo 3

Atividades de autoavaliação

1. a
2. d
3. c
4. b
5. a
6. a

Atividades de aprendizagem

Questões de reflexão

1. O Iluminismo forneceu ao positivismo a noção de progresso e domínio da natureza, algo que a Revolução Industrial apresentava na prática, ao utilizar novas técnicas para o aumento da produção.

2. Semelhanças: Ambos veem com otimismo o desenvolvimento da ciência e creem no progresso da humanidade. Diferenças: Ao contrário de Spencer, Comte não integra em sua filosofia a teoria da seleção natural. Este acredita que a experiência pode apontar para leis gerais de caráter absoluto, enquanto aquele enfatiza o caráter relativo de qualquer lei geral.

3. Porque o pensamento de Comte se desenvolve em duas fases, uma cientificista e outra religiosa. Para o positivismo ortodoxo, a segunda fase é um desdobramento natural da primeira; já para os positivistas heterodoxos, a segunda fase contradiz o ideário positivista originalmente concebido pelo filósofo francês.

Capítulo 4

Atividades de autoavaliação

1. a
2. c
3. c
4. c
5. b
6. d

Atividades de aprendizagem

Questões de reflexão

1. O materialismo é um posicionamento filosófico segundo o qual a matéria constitui a realidade primordial, da qual todos os fenômenos intelectuais e culturais são derivados. A dialética se constitui em uma lógica que se desenvolve no esquema tese-antítese-síntese. Marx e Engels combinam essas noções, dando origem a um pensamento que ficou conhecido como *materialismo dialético*. Para essa corrente, a dialética ultrapassa o âmbito do pensamento e abrange a lógica do desenvolvimento histórico.

2. Para Marx e Engels, a escola era local de doutrinação da ideologia burguesa e minava o potencial revolucionário da classe trabalhadora.

3. Semelhanças: Ambos pensam a educação com base nos conceitos do materialismo dialético.
Diferenças: Althusser postula que a escola é um aparato ideológico do Estado que sempre serve aos interesses burgueses, enquanto Saviani vê na escola a possibilidade de construção da consciência crítica dos alunos.

Capítulo 5

Atividades de autoavaliação

1. d
2. a
3. b
4. c
5. a
6. a

Atividades de aprendizagem

Questões de reflexão

1. A fenomenologia, por meio do conceito de *intencionalidade*, permite pensar o sujeito do conhecimento como um ser ativo e, correlatamente, a aprendizagem do aluno como uma ação dele sobre o mundo, e não o contrário.

2. Ambas as respostas são possíveis. É anti-humanista porque, segundo Sartre, "o inferno são os outros", isto é, as outras pessoas limitam a liberdade do sujeito individual. Por outro lado, é humanista porque reconhece na alteridade a condição *sine qua non* para o reconhecimento de si mesmo como um ser dotado de liberdade.

3. Para Foucault, a escola produz um esquadrinhamento do espaço e estabelece uma hierarquia interna, levando ao adestramento dos alunos em conformidade com determinados padrões de pensamento e ação.

Capítulo 6

Atividades de autoavaliação

1. a
2. b
3. a
4. d
5. b
6. c

Atividades de aprendizagem

Questões de reflexão

1. A filosofia analítica visa ao desenvolvimento de uma linguagem perfeitamente adequada ao uso da ciência, que seja livre de ambiguidades e que tenha correspondência na experiência. A filosofia linguística, pelo contrário, valoriza a linguagem comum (não científica) e a considera não somente como meio de expressão de ideias, mas também como meio de ação no mundo.

2. Em uma perspectiva pragmatista, como a de Rorty, é preciso abandonar o anseio por um fundamento último para a verdade, uma vez que essa é uma função da linguagem, e aceitar o critério de coerência como o único fundamento possível para a compreensão mútua.

3. A preocupação com a linguagem nos torna mais conscientes de nossas limitações linguísticas. Como consequência, isso faz a educação ter como objetivo tornar os educandos mais rigorosos quanto ao uso de conceitos.

Sobre o autor

José Antônio Vasconcelos tem graduação em Filosofia (1986) pela Pontifícia Universidade Católica do Paraná (PUC-PR), especialização em História e Cidade (1993) e em Filosofia Política Moderna (1995) pela Universidade Federal do Paraná (UFPR), mestrado em História (1996) também pela UFPR, doutorado em História (2001) pela Universidade Estadual de Campinas (Unicamp) e pós-doutorado em História (2006) pela University of Virginia, Estados Unidos. Atualmente, é professor do curso de História da Universidade de São Paulo (USP). Entre suas principais obras, destacam-se: *Metodologia do ensino de história* e *Fundamentos epistemológicos de história*, ambos publicados pela Editora InterSaberes, além de coleções didáticas para o ensino fundamental e médio e artigos acadêmicos em periódicos especializados.

Os papéis utilizados neste livro, certificados por instituições ambientais competentes, são recicláveis, provenientes de fontes renováveis e, portanto, um meio responsável e natural de informação e conhecimento.

Impressão: Reproset
Junho/2023